Klaus Hympendahl

Die Lapita-
Expedition

Klaus Hympendahl

Die Lapita-Expedition

4000 Seemeilen auf den Spuren
der ersten Siedler in der Südsee

Mit 23 farbigen Fotos

Mehr Bäume.
Weniger CO$_2$.
www.cpibooks.de/klimaneutral

Mehr über unsere Autoren und Bücher:
www.malik.de

Ich möchte allen an der Vorbereitung und Durchführung der Expedition Beteiligten für
ihr Engagement und ihre Unterstützung danken. Mein besonderer Dank gilt Rüdiger
Weinauge, der die meisten Etappen mitgesegelt ist, die Expedition dadurch besonders
unterstützt hat und durch seine große Fotoauswahl sehr zu diesem Buch beigetragen hat.

Bibliografische Information der Deutschen Nationalbibliothek
Die Deutsche Nationalbibliothek verzeichnet diese Publikation in der
Deutschen Nationalbibliografie; detaillierte bibliografische Daten
sind im Internet über http://dnb.d-nb.de abrufbar.

MALIK NATIONAL GEOGRAPHIC

Erstmals im Taschenbuch
Juli 2013
© Piper Verlag GmbH, München 2013
© F. A. Herbig Verlagsbuchhandlung GmbH, München 2011
Umschlaggestaltung: Dorkenwald Grafik-Design, München
Umschlagfotos: Ingo Isensee (hinten links), Rüdiger Weinauge (vorne, hinten rechts)
Autorenfoto: Ulrike Jezek
Bildteilfotos: Hanneke Boon: S. 6/7, 9 oben, 11 oben; Matt Fletcher: S. 2 oben;
Klaus Hympendahl: S. 5; Ingo Isensee: S. 1, 2 unten, 3 unten, 10 oben; Dr. Jean-Pierre
Lacoste: S. 8 oben; Karl Schalk: S. 4 unten, 15 oben; Rüdiger Weinauge: S. 3 oben,
4 oben, 8 unten, 9 unten, 10 unten, 11 unten, 12/13, 14, 15 unten, 16.
Karte: Kartographie Theiss Heidolph, München
Zeichnungen: Hanneke Boon: S. 36, 37.
Satz: Kösel, Krugzell
Litho: Lorenz & Zeller, Inning a.A.
Papier: Naturoffset ECF
Druck und Bindung: CPI – Clausen & Bosse, Leck
Printed in Germany   ISBN 978-3-492-40521-8

Das Papier wurde aus chlorfrei gebleichtem Zellstoff hergestellt.

»Ich glaubte, es wäre ein Abenteuer,
aber in Wirklichkeit war es das Leben.«
JOSEPH CONRAD

INHALT

Karte 10

»… und in den Ohrlöchern stecken ihre Pfeifen« 12

Das große Rätsel um die Besiedlung des Pazifiks
Woher kamen die Polynesier? 19
Thor Heyerdahl – in seinen Flitterwochen kam ihm
    die Idee 21
Ein Ruck ging durch die akademische Welt 23
Ein Puzzle setzt sich zusammen 26
James Wharram: Indopazifische Wasserfahrzeuge und Migration 29
Die Lapita-Leute 32

Wie aus einer Idee die Lapita-Expedition wurde
Eine Entdeckung im Museum 35
Nichts ist stärker als eine große Idee 39
Die bunte Schar der Mitsegler 41
Ein Bootstest im Pazifik 44
Die Ausnahmewerft 48

1. Etappe der Lapita-Expedition:
VON PANGLAO NACH TERNATE
Eine Nacht des Grauens 53
Unter Zeitdruck 57
Das einzig Trockene an Bord war der Sherry 60
Der Wettstreit der Muezzine 64

2. Etappe der Lapita-Expedition:
VON TERNATE NACH JAYAPURA
Ein ideales Segelrevier 68
Mein Weg zur Geduld 70
Freud und Leid 74
Das falsche Versprechen 78
Ein Cocktail ist die beste Medizin 81
Mit Pinzette auf Jagd 85
Prof. Keith Dobney: Den Haustieren der Polynesier auf der Spur 89
Jesus loves Papua 92

3. Etappe der Lapita-Expedition:
VON JAYAPURA NACH RABAUL
The winner is … 95
Die Goldgräberstadt 97
Ein frohes neues Jahr! 102
Grau 108
Über die Ästhetik von »primitiven« Booten 115
Immer der Rauchfahne entgegen 119

4. Etappe der Lapita-Expedition:
VON RABAUL NACH HONIARA
Wir finden »unser Gold« 126
Unter falscher Flagge 132
Wenn Fliegen fliegen 137
Singing in the rain 141
Kommerz in der Südsee 145

5. Etappe der Lapita-Expedition:
VON HONIARA NACH NDENI
Unter der Regie des Filmteams 152
Nur noch dem Ziel entgegen 157
Sauerbraten, rheinische Art 163

6. Etappe der Lapita-Expedition:
VON NDENI NACH TIKOPIA UND ANUTA
Auf dem richtigen Weg 168
Dr. Eusebio Dizon: Die Philippinen, Bindeglied der Migration 171
Die ewige Flaute 174
Die französische Schicksalsinsel 177
Die polynesische Navigation 183
Endstation Sehnsucht: Tikopia 195
Abschied 209
Tulano Toloa: Wie wir nach Anuta navigierten 210

Glossar 215

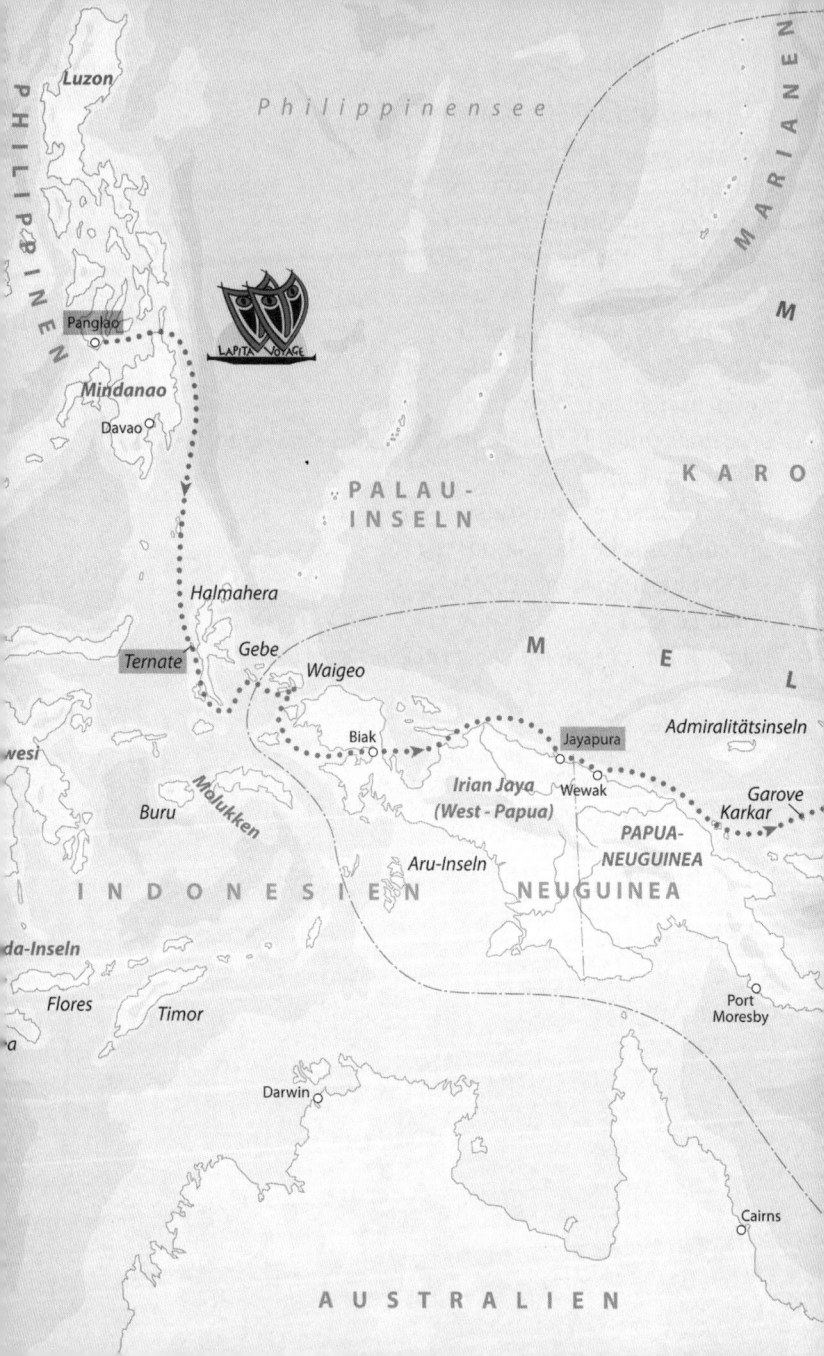

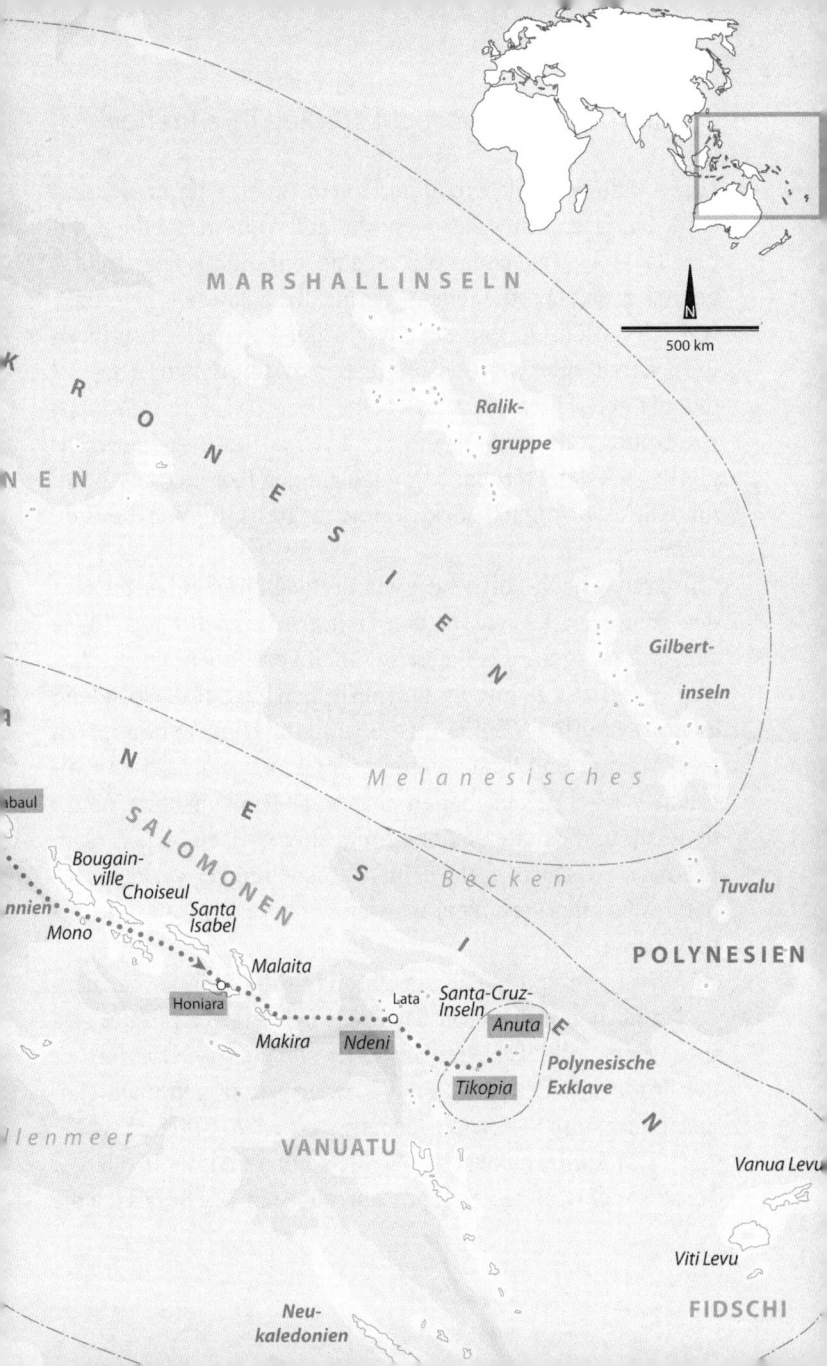

MARSHALLINSELN

K

R

O

N

E

S

I

E

N

N

E

N

Ralik-
gruppe

Gilbert-
inseln

Melanesisches

Becken

Tuvalu

SALOMONEN

POLYNESIEN

N

E

S

I

E

N

Rabaul

Bougain-
ville

Choiseul

Santa
Isabel

Mono

nnien

Malaita

Honiara

Makira

Lata

Ndeni

Santa-Cruz-
Inseln

Anuta

Tikopia

Polynesische
Exklave

llenmeer

VANUATU

Vanua Levu

Viti Levu

Neu-
kaledonien

FIDSCHI

N

500 km

»...und in den Ohrlöchern stecken ihre Pfeifen«

Diesen Satz hörte ich 1989 auf einem Ankerplatz in Neuseeland. Ich war mit meiner Freundin auf Weltumsegelung und bereits viele Tausende von Seemeilen durch den Pazifik gekreuzt, den Ozean meiner Träume. Bis zu diesem Zeitpunkt war ich enttäuscht von der Abkehr der Polynesier von ihren Bräuchen. Keiner wohnte mehr in den traditionellen *fales*, Hütten aus geflochtenen Palmwedeln, keiner kleidete sich mehr wie früher, niemand segelte von Insel zu Insel, keiner navigierte nach den Sternen. Nur noch auf den Hotelterrassen sah man die ursprüngliche Bekleidung, tanzten Gruppen die alten Tänze.

In Französisch-Polynesien wunderte ich mich über die langen schmalen Kästen vor den Häusern. Bis ich eines Tages sah, wie morgens das Baguette hineingeschoben wurde. Aus und vorbei war es mit der polynesischen Tradition, so schien es mir. Natürlich konnte man überall die Ukulele hören, sah man Männer und Frauen in den schönen *lava lavas*, den typischen Wickelröcken, hatten viele eine Hibiskusblüte hinter dem Ohr und bereiteten noch einige ihre Speisen im *umo*, dem Erdofen, zu. Doch nach meinen Vorstellungen war der Zauber des Pazifiks verflogen. Ich war wohl 150 Jahre zu spät aufgebrochen.

Umso mehr spitzte ich die Ohren, als der Skipper der neuseeländischen Jacht *Magic Carpet* wie nebenbei erwähnte: »Da gibt es eine Insel. Da leben die Polynesier noch wie vor der Zeit der Entdecker. Die Alten sind tätowiert, sie tragen noch Lendenschurz, und in den Ohrlöchern stecken ihre Pfeifen.«

Ich war sofort hellwach. Wie hieß noch mal die Insel? Wo lag sie? Wer wohnte da? Schon am nächsten Tag besaß ich die englische Seekarte Nr. 17 »*Plans of the Santa Cruz and Adjacent Islands*« mit einer kleinen Detailkarte der völlig abseits gelegenen polynesischen Insel Tikopia. Ich wusste nur, dass dort Polynesier traditionell leben sollten und dass es bis dorthin 1600 Seemeilen waren, knapp 3000 Kilometer. Irgendwo zwischen den Inselstaaten der Salomonen, Fidschi und Vanuatu lag dieses einsame Eiland: Tikopia (mit Betonung auf der dritten Silbe). Da musste ich hin. Was ich nicht wusste, war, wie sehr die Bewohner dieser Insel mein Leben für die nächsten 20 Jahre verändern sollten.

Schon aus 30 Seemeilen Entfernung erblickten meine Freundin und ich die Insel Tikopia, die wie ein winziges Staubkörnchen am Horizont aussah. Daraus wurde im Laufe des Tages eine leuchtend grüne Insel, eingesäumt vom weißen Schaum der Brandung am Riff. Über einem alles überragenden Berg lag wie ein Heiligenschein eine weiße Wolke. In Lee fanden wir einen Ankerplatz. Sofort wurden wir umzingelt von Auslegerkanus – offensichtlich waren wir eine Sensation, denn wie sich herausstellte, war seit über einem Jahr keine Jacht mehr hier gewesen.

Kaum hatten wir geankert, brach die Tropennacht herein, und wir gingen nach tagelangem Segeln früh in die Kojen. Ein Geräusch weckte mich. Etwas war gegen den Rumpf geschlagen. Im Nu war ich im Cockpit. Eine unheimliche Stimmung umgab mich. Überall sah ich Lichter auf dem Wasser. Die Insel wirkte wie ein bedrohlicher riesiger Schatten. Was wollten die von uns? Sollten wir Anker aufgehen und das Weite suchen? Ein Lachen durchbrach das Rauschen der Brandung. Ich knipste die Taschenlampe an und sah direkt an der Bordwand einen Mann in seinem Kanu stehen. »*My name is Joseph, how are you?*«, sprach er mich auf Englisch an.

Im Licht der Taschenlampe erkannte ich, dass er nur noch schwarze Zahnstummel in seinem Mund hatte. Nicht gerade Vertrauen einflößend. Ich war auf der Hut. Was denn die Lichter auf dem Wasser bedeuten würden, fragte ich. Seine Freunde würden mit Petroleumlampen und mit Netzen nach Fliegenden Fischen jagen. Die brauchten sie als Köderfische, um später im tiefen Wasser nach größeren Fischen zu angeln. Mir fiel ein Stein vom Herzen – ich konnte beruhigt weiterschlafen.

Am Morgen war Joseph schon wieder beim Boot. Ob wir zu seinem Schwiegervater, dem Häuptling, kommen könnten, dieser sei krank. Ich sollte ein Geschenk nicht vergessen. Wir ruderten an Land. Ein gefegter Sandweg führte zu einem Dorf mit großen *fales*. Menschen in *lava lavas*, die Älteren tätowiert, begrüßten uns lächelnd.

Wie unheimlich war die Nacht und wie freundlich ist der Tag, dachte ich. Irgendwann standen wir vor einem besonders großen *fale*. Es hatte mehrere winzige, nur circa 60 Zentimeter hohe Türöffnungen. Bevor wir hineinkrochen, gab uns Joseph den Verhaltenskodex bekannt: »Ihr dürft euch nicht hinstellen, keiner ist größer als der Häuptling, ihr sprecht nicht mit ihm, sondern mit seinem Sohn, und ihr dürft den Häuptling nicht berühren. Klaus, du gehst zuerst hinein.«

Nach dem grellen Tageslicht wirkte es drinnen schummerig. Der ganze Boden war mit geflochtenen Matten bedeckt. Die Dachkonstruktion wurde von starken alten Holzstämmen getragen, in die viele Symbole geschnitzt worden waren. Vor mir erkannte ich einen alten Mann im Lotossitz. Er hatte langes Haar, wohl ein Zeichen seiner Würde. Er trug nur einen *lava lava*, daneben saßen zwei kräftige Männer, sicherlich die Söhne. Dahinter weitere Menschen, offensichtlich war der ganze Klan versammelt.

Wir krabbelten auf allen vieren Richtung Häuptling, bis wir angewiesen wurden, uns an einer bestimmten Stelle niederzulassen. Es war wohl der traditionelle Platz für Besucher. Ich legte das Geschenk, ein großes Messer, zwischen uns. Der Häuptling beachtete es nicht.

Ich erfuhr, dass Ariki Tafua, einer der vier Häuptlinge von Tikopia, Fieber hatte und sehr schwach war. Man fragte, ob wir helfen könnten, denn die kleine Krankenstation verfügte über keine Medizin. Wir hatten zwei Dinge von Bord mitgebracht: ein Thermometer und das Medizinbuch »Wo es keinen Arzt gibt«. Ich sah, dass der Häuptling zwar einen starken Körper hatte, aber sehr schwach war. Sein Lächeln war gequält, er schwitzte sehr.

Ich übergab das Thermometer einem der Söhne und bat ihn, es seinem Vater in den Mund zu stecken. Ergebnis: 40 Grad Fieber. Ich stellte noch ein paar Fragen und kam anhand meines Buches zu dem Ergebnis, dass etwas mit seiner Lunge nicht in Ordnung war. Vielleicht eine Lungenentzündung?

Mein Medizinbuch sagte mir, welche Antibiotika helfen konnten. Wir schauten in unserer Bordapotheke nach und kamen mit den Antibiotika zurück. Den Söhnen gaben wir Anweisungen, wie die Tabletten einzunehmen seien, ließen das Thermometer zurück und empfahlen, alle drei Stunden das Fieber zu messen.

Nach zwei Tagen hörten wir, dass das Fieber noch nicht gesunken war. »Was tun?«, fragte man uns. Wir begaben uns wieder zur Hütte des Häuptlings. Zu unserer Überraschung erfuhren wir, dass er die Tabletten mit seinem Bruder geteilt hatte. Denn, so hieß es, er habe fast alles in seinem Leben mit ihm geteilt. Unfassbar! Der Mann war todkrank und teilte seine Medizin mit einem Gesunden!

Ich sagte seinen Söhnen, dass er sterben würde, wenn er die Medizin nicht allein zu sich nehmen würde, und schlug vor, morgens und nachmittags dabei zu sein, wenn er sie einnahm. So hielten wir es die nächsten sieben Tage. Das Fieber ging zurück. Der Häuptling gesundete, und irgendwann hieß es: »Macht euch bereit für ein großes Dankesfest in zwei Tagen.«

Wir waren inzwischen drei Wochen auf Tikopia, hatten viele Ältere im Lendenschurz getroffen, die meisten tätowiert. Einige hatten eine Pfeife im Ohrloch, andere Zweige oder Blüten. Endlich war ich in der Südsee angekommen! Ich danke dir, du unbekannter Skipper von der Jacht *Magic Carpet* aus Neuseeland, für diesen Tipp!

Am Nachmittag des Festes wurden wir von den Söhnen und Töchtern des Häuptlings neu eingekleidet. Wir erhielten einen Lendenschurz aus *tapa*, einem traditionellen Bekleidungsstoff, hergestellt aus der Rinde des Maulbeerbaums. Dann wurden wir mit der heiligen Kurkumapflanze bemalt und mit einem Haarkranz aus Frangipaniblüten dekoriert. Feierlich führte man uns in eine große Hütte. Diese war total ausgeräumt. An allen vier Seiten saß der große Klan des Ariki Tafua. Der Häuptling – wieder bei Kräften – thronte etwas höher. Er trug eine wunderschöne fein geflochtene farbige Matte über seinem Lendenschurz aus *tapa*, hatte einen Kranz aus Kurkumablättern um den Kopf, und in seinen Ohrlöchern steckten Frangipaniblüten. Alle Männer und Frauen hatten sich ebenfalls traditionell gekleidet, sich bei Mutter Natur bedient und dekoriert, die meisten mit Frangipaniblüten. Wir wurden dem Häuptling gegenüber platziert und warteten im Lotossitz gespannt auf das, was kommen sollte.

Wenn Polynesier feiern, gibt es reichlich *kai kai*, Essen. Alles kam frisch aus dem *umo*: Schweinefleisch, Fisch, in der Lagune

gefangene Schildkröte, Tarobrei mit Kokosnussmilch, Yams-
wurzel, Kochbananen, geröstete Brotfrucht und als Nachtisch
Papayas mit Sagopalmstärke, dargereicht in Kokosnussscha-
len. Leider kannten sie keine Gewürze, nicht einmal Salz. Als
Stühle dienten die Matten, als Tischdecke Bananenblätter, als
Töpfe Blatttaschen, als Besteck die Hände.

Aus einer Ecke ertönte leise erster Gesang, andere fielen ein,
und auf einmal sangen alle. Es waren Lieder vom Fischfang,
von Delfinen, von der Arbeit auf dem Feld, vom Flechten der
Matten, von Kriegen.

Irgendwann wurden auch wir gefragt, ob wir etwas singen
könnten. Unser Repertoire war begrenzt. Wir sangen zuerst
»Die Gedanken sind frei«. Besser kam unser zweites Lied an:
»Auf der Mauer, auf der Lauer sitzt 'ne kleine Wanze«. Beifall
kam von allen Seiten.

Nachdem Häuptlingssohn Edward eine emotionale Dankes-
rede auf die »Krankenpfleger« gehalten hatte, kam ich intui-
tiv auf die Idee, dem Häuptling meine Meerschaumpfeife zu
schenken, ein Erinnerungsstück meines Vaters. Ich bewegte
mich auf Händen und Füßen zu ihm, zog vor seinen erstaun-
ten Augen meine Pfeife aus der Tasche und überreichte sie
ihm. Obwohl die Tradition nicht vorsieht, dass der Häuptling
mit *palangis*, Weißen, spricht, konnte ich ein schwaches »*tangi
fak auwe*« verstehen: »Danke schön!« Der Häuptling steckte
sich die Pfeife ins Ohrloch, und man bat mich, näher zu ihm
zu kommen. Er umarmte mich und zog meinen Kopf an seinen, Stirn an Stirn, Nase an Nase. So verharrten wir eine Weile.
Er seufzte dabei, ich tat es ihm nach. Das war mein erster *hongi*,
mein erster polynesischer Nasenkuss. Danach wurde ein Ab-
schiedslied angestimmt. Es war wunderschön und sehr senti-
mental. Alle hatten Tränen in den Augen – auch wir.

Am nächsten Tag segelten wir ab. Ich war insgesamt noch fünfmal auf Tikopia. Im Jahr 1997 habe ich mehrere Monate dort gelebt. Ich trage den polynesischen Namen Pa Terauola, »der Mann, der im Haus am Meer lebt«, und habe eine traditionelle Tätowierung auf dem Oberarm, eingehämmert mit kleinen Fregattvogelzähnen.

Seit meinem ersten Besuch auf Tikopia beschäftigten mich die großen Fragen: Wo kamen die Polynesier her? Wie konnten sie die weit verstreuten Inseln des größten Ozeans der Welt finden? Wie sahen ihre Boote aus? Und wie haben sie navigiert? Diese Fragen sollte später unsere Lapita-Expedition beantworten.

DAS GROSSE RÄTSEL UM DIE BESIEDLUNG DES PAZIFIKS

Woher kamen die Polynesier?

Die Wissenschaftler sind sich seit Langem einig, dass die Wiege der Menschheit in Afrika liegt. Von dort aus sind vor circa 100 000 Jahren Menschen aufgebrochen, um neue Landschaften zu durchstreifen. Man weiß auch, dass Europa vor etwa 40 000 Jahren besiedelt wurde, Zentralasien vor etwa 60 000 Jahren, Australien vor etwa 50 000 Jahren und der Kontinent Amerika vor nur 15 000 bis 35 000 Jahren. Man kennt die Wanderwege genau, weiß, über welche Täler, Küstenstreifen, Landengen Menschen Neuland suchten.

Wissenschaftler haben nachgewiesen, dass die ersten Menschen, die Europa besiedelten, über das Gebiet des Kaukasus kamen. Man hat eine Ahnentafel der Weltsprachen aufgestellt, weiß, wie sich die Sprachfamilien aufteilen, wo sie sich entwickelt haben, kann Rückschlüsse daraus ziehen, wie Völkerwanderungen sich bewegt haben. Und neuerdings kann man all das auch noch mit DNA-Analysen verifizieren.

So hat die Wissenschaft mithilfe der Archäologie, der Linguistik, der Anthropologie und neuerdings der Molekularbiologie die Herkunft der Menschheit analysiert. Wir wissen jetzt, wo wir herkommen. Wenn wir erfahren wollen, weshalb Europäer eine helle Hautfarbe haben, Eskimos im ewigen Eis, Tuaregs hingegen in der Wüste überleben können, Sherpas auf über 7000 Meter hohe Berge ohne Sauerstoffmasken klettern oder indonesische Seenomaden ein ganzes Leben auf schmalen Booten verbringen können, dann finden wir die Antworten dazu in Büchern. Es gibt kaum noch Geheimnisse.

Bis vor Kurzem gab es jedoch ein großes ungelöstes Rätsel, denn vor noch nicht einmal 70 Jahren wusste man nichts über die Besiedlung des Pazifiks. Der Pazifik war für die Wissenschaft ein weißer Fleck. Dabei bildet er ein Drittel der Erdoberfläche. Dieses große Forschungsgebiet wurde von der Wissenschaft lange nicht beachtet, es lag brach. Dabei gab es Fragen über Fragen, aber keine Antworten:

- Woher kamen die Bewohner des Pazifiks?
- Wo lag die Heimat der Melanesier, Polynesier und Mikronesier?
- Waren diese Völker verwandt?
- Wie haben sie Tausende von Inseln im größten Ozean gefunden?
- Wie konnten sie auf Koralleninseln überleben?
- Was motivierte sie immer wieder, nach neuen unbewohnten Inseln Ausschau zu halten?
- Mit welchen Booten konnten sie diese langen Seereisen bewältigen?
- Wie navigierten sie?
- Waren diese Seereisen zufällig oder geplant?
- Und weshalb verließen sie überhaupt ihre Heimat?

Es ist müßig zu fragen, weshalb dieses riesige Gebiet für die Wissenschaft so lange ein weißer Fleck war. Wenden wir uns vielmehr den neuesten akademischen Erkenntnissen über die Besiedlung des Pazifiks zu.

Thor Heyerdahl – in seinen Flitterwochen kam ihm die Idee

Thor Heyerdahl hatte einen Traum, den auch viele andere träumen: einmal ein natürliches Leben auf einer tropischen Insel zu führen, abgeschieden von der modernen Welt, ohne technische Hilfsmittel. Es war das Jahr 1937, er hatte gerade in Oslo sein Zoologiestudium beendet, nebenbei auch Völkerkunde studiert. Thor Heyerdahl war 23 Jahre alt und frisch verheiratet. Mit seiner Frau Liv verwirklichte er seinen Traum, und sie zogen für ein Jahr auf die pazifische Insel Fatu Hiva, die zu den Marquesas-Inseln (Französisch-Polynesien) gehört. Der französische Maler Paul Gauguin hatte vor ihm den gleichen Traum. Er war auf die Nachbarinsel Hiva Oa gezogen, wo er auch begraben ist.

Auf Fatu Hiva fand Heyerdahl steinerne Statuen, die Tikis, die Ähnlichkeit mit Statuen in Südamerika hatten. Ein alter Einheimischer erzählte ihm zudem von der mythischen Herkunft seines Volkes aus dem Osten, also aus Südamerika.

Diese Hinweise bildeten den Grundstein für Heyerdahls Theorie, dass die Besiedlung Polynesiens von Südamerika aus erfolgt sein musste. Außerdem kannten die Polynesier die Süßkartoffel, die es sonst nur noch in Südamerika gab. Wichtige Bausteine seiner Hypothese waren die meteorologischen Bedingungen: zum einen der gleichmäßig von Ost nach West wehende Passatwind, zum anderen die Ozeanströmung, die ebenfalls von Südamerika nach Westen verläuft. Nautische Voraussetzungen, die es Booten leichter machen, mit Wind und Strom von Ost nach West zu gelangen.

Inzwischen war auch in Norwegen der Zweite Weltkrieg ausgebrochen, und das Land war von deutschen Soldaten besetzt worden. In den letzten Kriegsjahren nahm Heyerdahl an den Befreiungskämpfen teil. Nach Kriegsende zog es ihn wieder nach Oslo.

Der Informationsfluss war damals gering. Den heutigen Begriff der Vernetzung kannte man nicht. Was nicht in der Universitätsbibliothek von Oslo einzusehen war, was ihm nicht Wissenschaftler persönlich berichten konnten, blieb Heyerdahl unbekannt. Doch er war Pragmatiker und ein Organisationstalent. In den Wirren der Nachkriegsjahre, in denen die meisten Menschen ihr Leben wieder neu zu organisieren begannen, fesselte ihn seine Idee von der Besiedlung Polynesiens.

Der charismatische Heyerdahl erzählte gleichaltrigen Hochschulabsolventen und Bekannten so lange von seiner Theorie, bis eine Gruppe um ihn im kalten Norwegen Feuer fing und Pläne machte, wie man sie beweisen könnte. Norweger sind Seefahrer, und so dauerte es nicht lange, bis die jungen Männer die Idee hatten, den Beweis mit einer Seereise zu erbringen.

Sie stellten das Vorhaben unter das Motto »Kon-Tiki«. Das war einst, in der Prä-Inka-Zeit, ein sagenhafter Sonnenkönig. Der Name passte zu den Tiki-Statuen, die Heyerdahl auf den Marquesas-Inseln gefunden hatte, und so bildete der Begriff die verbale Klammer zwischen Festland und Inseln.

Mit Sicherheit gehörte das Floß zu den ersten Wasserfahrzeugen. Und ein solches wählten die Männer um Heyerdahl für ihr Experiment aus, musste es doch nur mit einem Segel vor dem vorherrschenden Passatwind treiben. Allerdings wollten die Skandinavier dieses Floß auch lenken und konstruierten ein starkes Steuerruder und – nach dem Vorbild der frühen Floßbauer Südamerikas – sogenannte *guaras* (Steckschwerter), um den Kurs besser ändern zu können. Die Crew des *Kon-Tiki-*

Projekts bestand aus sechs Skandinaviern, die für ihr Vorhaben traditionelle Erfahrungen nutzten. So bauten sie die *Kon-Tiki* nach peruanischem Vorbild aus leichten Balsaholzstämmen.

Am 28.4.1947 startete das Floß in der peruanischen Hafenstadt Callao. Die Fachwelt prophezeite Heyerdahl und seinen Männern, dass sie den ersten Sturm nicht überleben würden. 4000 Seemeilen später landeten sie auf dem Atoll Angatau, das zu den von Polynesiern besiedelten Tuamotu-Inseln (Französisch-Polynesien) gehört.

Heute würde man sagen, Thor Heyerdahls *Kon-Tiki*-Expedition löste einen Hype aus. Allein das Buch verkaufte sich 32 Millionen Mal. Es war der erste Nachkriegsbestseller. Der Film über die halbjährige Reise der *Kon-Tiki* erhielt zwei Oscars in Hollywood.

Für die breite Masse stand in den frühen 1950er-Jahren fest, dass die Frage nach der Besiedlung des Pazifiks dank Heyerdahls abenteuerlicher Expedition beantwortet war: Die Polynesier kamen aus Südamerika. Der weiße Fleck auf der Weltkarte war gelöscht. Das große Rätsel war gelöst.

Ein Ruck ging durch die akademische Welt

1952 wurde in Cambridge der XXX. Internationale Amerikanisten-Kongress abgehalten. Man hatte den neuen Stern der experimentellen Anthropologie, Thor Heyerdahl, eingeladen. Es gab wohl damals die Absicht, diesen jungen Abenteurer auflaufen zu lassen, seine Theorie von der Besiedlung des Pazifiks von Südamerika aus ad absurdum zu führen. Es kam jedoch ganz anders. Der »primitive Floßfahrer« konnte sich sehr wohl akademisch ausdrücken. Er bekam sogar Zuspruch und wurde von Wissenschaftlern für seine Forschungsergebnisse gelobt.

Das dürfte wohl eines der letzten Foren gewesen sein, die Heyerdahls Theorie unterstützten. Denn in den Folgejahren überschlugen sich die Fachzeitschriften der akademischen Welt mit Informationen über völlig neue Forschungsergebnisse zu der Frage, woher die Bewohner Ozeaniens kamen.

Im selben Jahr, in dem Heyerdahl in Cambridge noch gelobt wurde, legten die amerikanischen Archäologen Edward W. Gifford und Richard Shulter jr. Keramikscherben auf der westpazifischen Insel Neukaledonien frei, die die Geschichte der Besiedlung neu schreiben sollten. Sie nannten die Keramik nach dem Fundort Lapita.

In den Folgejahren legten andere Forscher Lapita-Keramik in weiteren westpazifischen Inselstaaten, wie Papua-Neuguinea, Salomonen und Vanuatu, frei. Die eigentliche Sensation kam jedoch einige Jahre später, als man auch auf weiter östlich gelegenen pazifischen Inseln Lapita-Keramik fand: auf den weit entfernten Fidschi-Inseln, auf Tonga und sogar auf Samoa.

Die Ehre jedoch, als erster Nichteinheimischer Notiz von gefundenen Tonscherben im pazifischen Raum genommen zu haben, gebührt dem deutschen Pfarrer Otto Meyer, der auf der Insel Watom (Bismarck-Archipel) im Jahr 1908 Keramikscherben sammelte, die ein Sturm freigelegt hatte. Allerdings konnte Pater Meyer diese Keramikscherben keinem größeren kulturellen Kontext zuordnen. Sie liegen heute in einem Museum in Frankreich. Erst die Forscher Gifford und Shulter erkannten den entscheidenden Zusammenhang. Sie folgerten, dass die sogenannten Lapita-Leute als Erste den westlichen Pazifik besiedelt hatten.

Anhand der Kohlenstoffdatierung konnte man feststellen, dass die Lapita-Keramik, die im westlichen Bismarck-Archipel gefunden wurde, circa 1500 bis 1300 Jahre vor Christus hergestellt worden war. Die Lapita-Keramik der östlicher gelegenen Salomonen und Vanuatus ist etwas jünger, und die im noch weiter entfernten Neukaledonien, auf Fidschi, Tonga und Samoa gefundenen Scherben wurden auf (nur) circa 800 Jahre vor Christus datiert. Daraus schließen Wissenschaftler, dass die Besiedlung von West nach Ost erfolgt ist. Inzwischen hat man 200 Fundstellen mit Resten von Lapita-Keramik auf einem Raum, der 4000 Kilometer von den Ausgrabungen im Westen bis zu denen im Osten misst, gefunden.

Von den Inseln des heutigen Samoa und Tonga breitete sich die polynesische Kultur über die Gesellschaftsinseln (Tahiti, Bora Bora, Raiatea …), die Marquesas und danach nach Hawaii, zur Osterinsel und letztendlich nach Neuseeland aus. Die Kunst der Keramikherstellung ging dabei verloren. Wohl deshalb, weil kein geeigneter Ton zur Verfügung stand.

Heute geht die Wissenschaft davon aus, dass die Lapita-Leute Vorfahren der Polynesier waren. Obwohl die Polynesier über Tausende von Kilometern auf den Inseln des Pazifiks verteilt sind, haben sie gemeinsame kulturelle Gewohnheiten. So wusste man bereits zu Zeiten des englischen Entdeckers James Cook: Alle Menschen, die in dem Polynesischen Dreieck, das Hawaii (im Norden), Osterinsel (im Osten) und Neuseeland (im Westen) bilden, leben, sprechen die gleiche Sprache, die sich nur durch Dialekte unterscheidet.

Neue Fragen häuften sich. Wenn die Siedler des Pazifiks aus dem Westen stammten, woher kamen sie dann ursprünglich? Mit welchen Booten bewältigten sie diese Reisen? Und schließlich: Hatte sich der große Thor Heyerdahl geirrt? Wie dem auch sei, die Forscher hatten nach dem Zweiten Weltkrieg ein Labyrinth betreten. Je weiter sie vorstießen, desto mehr Fragen gab es. Bis heute.

Ein Puzzle setzt sich zusammen

Angestachelt durch Heyerdahls kühnes Seeabenteuer und seine wissenschaftlich angreifbaren Ergebnisse, reizte es eine Heerschar junger Akademiker herauszufinden, wer die Menschen waren, die sich auf dem größten Gebiet der Erde ausgebreitet hatten, das jemals von einem einzigen Volk besiedelt worden war – und das nicht zu Lande, sondern auf dem Wasser!

In erster Linie waren es Akademiker der Anrainerstaaten, die das Rätsel der Besiedlung des Pazifiks zu lösen begannen. Was jahrhundertelang niemanden interessiert hatte, kam urplötzlich in den Fokus der Forschung.

Holen wir ein bisschen in der Geschichte aus, um die Zusammenhänge am anderen Ende unserer Erde besser zu verstehen: Das Zeitalter des Pleistozäns liegt 1 200 000 bis circa 12 000 Jahre zurück. Es erscheint unvorstellbar weit entfernt. Mehrere Eiszeiten und Warmzeiten haben sich in diesem Zeitraum abgewechselt. Bei Eiszeiten geht der Meeresspiegel zurück, bei Warmzeiten steigt dieser an. Vor 140 000 bis 18 000 Jahren war die letzte große Eiszeit. Die Ozeane sanken um mehr als 100 Meter. Die Küstenlinien von heute haben nichts mit denen von damals zu tun. In dieser Zeitperiode gab es in Südostasien viel weniger Inseln, nur einige der großen vulkanischen Inseln ragten aus dem Wasser. Der Großteil der Philippinen und Indonesiens gehörte zum Festland des heutigen Asiens; Inseln wie Sumatra, Java oder Borneo gab es nicht.

Diesen Erdteil des Pleistozäns, der sich an den Festlandsockel Asiens anschloss, nennen Wissenschaftler Sunda.

Der fünfte Kontinent Australien war mit Neuguinea, der zweitgrößten Insel der Welt, durch Land verbunden. Man konnte trockenen Fußes hinübergehen. Diese Landmasse bezeichnet man als Sahul.

Zwischen Sahul und Sunda lagen wenige größere Inseln. Dieses Gebiet ist nach dem Forscher Alfred Russel Wallace benannt und heißt Wallacea. Die heutige indonesische Insel Timor gehörte beispielsweise zu Wallacea, allerdings mit ganz anderen Ausmaßen als heute. Man nimmt an, dass die Entfernung vom damaligen Timor bis nach Sahul circa 80 Kilometer betragen hat.

Und jetzt wird es für die Geschichte der Menschheit spannend. Irgendein kühner Mensch muss vor etwa 50 000 Jahren auf dem damaligen Timor den Mut gehabt haben, weit auf See hinauszufahren, er muss Land gesehen und dieses angesteuert haben. Denn aus archäologischen Funden weiß man, dass Australien zu dieser Zeit von Menschen besiedelt wurde, Neuguinea allerdings erst später.

Ich glaube nicht an die Zufallsversion, dass Menschen in ihren Booten abgetrieben wurden und dadurch Australien entdeckten. Denn es müssen Menschen gewesen sein, die Familie an Bord hatten, Proviant zum Überleben, Angelzeug, Wasser in Behältern, das sie vor dem Verdursten bewahrte. Und sie mussten Boote besessen haben, mit denen sie auch von Sahul nach Timor oder zu anderen Inseln Wallaceas zurückfahren konnten, um Stammesangehörigen vom neuen Land zu berichten. Mit anderen Worten, diese Menschen hatten Wasserfahrzeuge, die sie steuern, die sie beladen, mit denen sie navigieren konnten.

Wie diese Boote ausgesehen haben, ist unklar. Waren es schon Einbäume, hatten sie bereits Ausleger, waren es Boote aus Rinde, oder waren es Flöße, hatten sie Segel aus Matten? Wir wissen es nicht.

Eines aber ist sicher: Die Besiedlung Sahuls gilt als Beweis, dass das Boot das älteste Fahrzeug der Welt ist. Das Rad wurde erst im vierten Jahrtausend vor Christus entwickelt – circa 40 000 Jahre später.

Vor etwa 18 000 Jahren stiegen die Meeresgewässer so sehr an, dass Neuguinea und Australien keine Landverbindung mehr hatten. Heute bezeichnen wir die Einheimischen auf Neuguinea als Melanesier, die Urbevölkerung Australiens als Aborigines. Die Melanesier dehnten ihren Lebensraum vor über 30 000 Jahren weiter nach Osten aus, zu den Salomonen, später auch nach Vanuatu, Neukaledonien und den heutigen Fidschi-Inseln.

Mein Expeditionspartner James Wharram hat dazu Folgendes angemerkt: »Die Völkerwanderung der Welt fand weitestgehend über Land statt. Als aber der Mensch am Ende des Erdteils Sunda ankam und Inseln in der Ferne entdeckte, wollte er weiterziehen, um dieses unbekannte Land zu erkunden.«

Auf dem Vaka-Moana-Symposium im Jahr 1996 in Auckland wies James als einer der ersten Wissenschaftler auf die große Bedeutung des Wasserfahrzeuges hin. Daraufhin wurden wissenschaftliche Expeditionen von Indonesien nach Australien mit Flößen unternommen. 15 Jahre nach diesem Symposium spricht die Fachwelt nicht mehr davon, dass die Welt nur »zu Fuß« besiedelt wurde.

Indopazifische Wasserfahrzeuge und Migration

VON JAMES WHARRAM, MEERESARCHÄOLOGE,
KATAMARAN-DESIGNER

Die moderne Archäologie begann in den späten 1940er-Jahren mit der Entwicklung der Kohlenstoff-14-Datierung, gefolgt von anderen Labordatierungen sowie von DNA-Analysen. Dies führte zu der »Out-of-Africa-Theorie«, die besagt, dass der Homo sapiens sein Ursprungsgebiet in Afrika vor 60 000 bis 125 000 Jahren (hierzu gibt es unterschiedliche Aussagen) verließ und nach und nach die Welt zu Fuß besiedelte. Über 70 Prozent unserer Erde sind jedoch mit Wasser bedeckt, davon macht allein der Pazifik 46 Prozent aus.

Als die Franzosen und Briten zwischen 1760 und 1770 wissenschaftliche Forschungsreisen um das Kap Hoorn in den Pazifik unternahmen, entdeckten sie viele Inseln, die Tausende von Seemeilen auseinanderlagen. Diese Inseln waren von Menschen bewohnt, die sich in ihrer äußeren Erscheinung, ihrer Sprache und ihrem sozialen Verhalten glichen. Die Vorfahren dieser »neu entdeckten« Menschen konnten diese Archipele wohl kaum zu Fuß erreicht haben.

Die ersten europäischen Entdecker, selbst hervorragende Seeleute, berichteten, dass die Bewohner dieser Inseln hochseetüchtige Boote besaßen, die auf einem Kanu-Floß-System basierten. Sie berichteten auch, dass diese Menschen, die wir heute Polynesier nennen, sich mithilfe ihrer Naturnavigation auf hoher See orientieren konnten.

Andere Europäer erforschten den westlichen Pazifik (Vanuatu, Salomonen, Fidschi, Neuguinea) und erkannten, dass hier eine ganz andere Population von Menschen lebte. Sie besaßen schwarze, krause Haare und eine dunklere Hautfarbe, aber sie segelten ebenfalls hochseetüchtige Boote. Heute nennen wir sie Melanesier.

Die nördlich des Äquators und westlich der Hawaii-Inseln lebenden Insulaner nannte man Mikronesier – auch sie hatten ähnliche Boote.

Bis in die Mitte des letzten Jahrhunderts nahm man dennoch – vor allem aufgrund von Verunglimpfungen durch Missionare – an, dass ihre Boote nicht seetüchtig waren und schon gar nicht gegen die vorherrschenden Passatwinde ankreuzen konnten. Auch Thor Heyerdahl ging von dieser Annahme aus und folgerte deswegen, dass Menschen die polynesischen Inseln nur mit segelbaren Flößen von Südamerika aus erreicht haben konnten.

Obwohl viele den praktischen Versuch Heyerdahls bewunderten, gab es eine kleine Gruppe, die seiner Migrationstheorie nicht zustimmte. Einer davon war ich, wusste ich doch von dem Franzosen Eric de Bisschop, der 1937 bis 1939 mit einem 11,5 Meter langen Doppelkanu (basierend auf einer Rumpfform von den Tuamotu-Inseln) von Hawaii durch den Pazifik, den Indischen Ozean und den Atlantik bis nach Toulon in Frankreich gesegelt war. Das bewies erstmals die Seetüchtigkeit und Segeleigenschaften von Doppelkanus.

1955 bis 1956 segelte ich in Begleitung von zwei deutschen Frauen (Jutta Schultze-Rohnhof und Ruth Merseburger) auf einem nur 7,5 Meter langen Doppelrümpfer von Falmouth, England, in die Karibik.

Dieses Experiment sowie meine Studien über Boote des Pazifiks bestärkten mich darin, dass die Polynesier V-förmige

Rümpfe benutzt haben mussten, um am Wind segeln zu können. Als wir in Trinidad ankamen, bauten wir einen größeren Katamaran von 12 Meter Länge mit zwei V-förmigen Rümpfen, segelten damit nach New York und danach über den stürmischen Nordatlantik nach England. Wir waren die Ersten, die eine West-Ost-Überquerung des Nordatlantiks mit einem Katamaran vollbracht hatten, und bewiesen damit die Hochseetauglichkeit dieses Bootstyps.

Meine Bau- und Reiseerfahrungen machten mich zum Designer solcher Katamarane. Ich konstruierte modifizierte Versionen dieser traditionellen Migrationsfahrzeuge aus Steinzeit-Polynesien, und bereits im Jahr 1976 hatte ich mehrere 100 Pläne meiner Katamaran-Designs verkauft.

Der natürliche Wunsch zu reisen kann ein wichtiger Faktor für die Besiedlung des Pazifiks gewesen sein. Nicht jedoch, wie oft vermutet wird, Kriege, Hungersnöte oder Anweisungen von Häuptlingen, die dann zu Flottenbildungen führten und zur Suche neuer Inseln. Nach meiner Auffassung haben Menschen immer als Migranten und Nomaden gelebt.

In den 1980er-Jahren bauten Hanneke Boon und ich den 19 Meter langen Katamaran *Spirit of Gaia*. Diese Konstruktion beinhaltete viele Elemente traditioneller pazifischer Boote. In erster Linie einen kurvigen V-förmigen Rumpfquerschnitt, um die Am-Wind-Segeleigenschaften zu testen. In den Jahren 1992 bis 1998 segelten wir mit der *Spirit of Gaia* um die Welt. Dabei studierten wir auch Bootsformen im Pazifik und im Indischen Ozean. Während dieser Reise entdeckten wir im *Auckland Museum* das Auslegerboot der Insel Tikopia, das einen ausgeprägten V-förmigen Rumpf besaß. Das Tikopia-Auslegerkanu war um 1860/70 gebaut worden und war der Beweis meiner Theorie von der historischen Existenz V-förmiger Segelkanus.

Während meiner lebenslangen Studien wurde mir klar, dass Wasserfahrzeuge einer der wichtigsten Gegenstände der Menschheit waren.

Sie spielten eine große Rolle bei Entdeckungen neuer Siedlungsgebiete, ganz im Gegensatz zu dem archäologischen Konzept des »nur zu Fuß gehenden Menschen«.

Die Lapita-Leute waren die letzte große Gruppe von Seenomaden, die vor circa 3000 Jahren die östlichsten Inseln Melanesiens erreichten. Alle diese Seenomaden, die sich über den Pazifik verteilt hatten – die Melanesier, die Mikronesier, die Lapita-Leute und die Polynesier –, hatten eines gemeinsam: das gebaute Boot, mit dem sie von Insel zu Insel fuhren.

Die Lapita-Leute

Vor circa 3500 Jahren tauchten an den Küsten Neuguineas plötzlich Fremde auf. Sie sprachen eine den melanesischen Einheimischen unbekannte Sprache, sahen anders aus, bauten andere Boote, führten unbekannte Haustiere mit sich und besaßen zudem ganz erstaunliche Dinge: Tongefäße.

In diesen Tongefäßen konnten die Neuankömmlinge Lebensmittel und Wasser aufbewahren, ihr Saatgut transportieren oder darin Essen zubereiten. Für Menschen, die ihre Speisen bis dahin nur in Blatttaschen aus Bananen- oder Taropflanzen aufbewahren konnten, waren diese Tongefäße von größter Bedeutung.

Es waren die Lapita-Leute, die von Westen kamen und nach Osten weiterzogen. Offensichtlich waren sie nicht gewillt, längere Zeit an den Küsten Neuguineas zu siedeln. Waren die Ressourcen vor Ort – wie Vögel, essbare Kleintiere, Muscheln oder Fisch in der Lagune – aufgebraucht, zogen sie weiter. Aus ihren Feuerstellen können Forscher genau in dieser Reihenfolge – anhand gefundener Knochen, Schalen und Gräten – nachvollziehen, wie sich der zeitliche Ablauf der Nahrungsaufnahme vollzogen hat.

Die Lapita-Leute besaßen seetüchtige Boote, sodass sie auch Strecken von weit über 100 Seemeilen bewältigen konnten, was man an den Keramikfunden auf Fidschi, Tonga oder Samoa nachvollziehen kann, wo sie vor circa 1500 bis 1300 Jahren ankamen. So weit war für die Wissenschaft alles klar. Unklar aber war, wo die Lapita-Leute geblieben sind – waren sie die Vorfahren der Polynesier? Und unklar war auch das Herkunftsgebiet dieser Menschen.

Linguisten (Sprachforscher) waren die Ersten, die Licht in die Angelegenheit brachten. Sie verfolgten die Wurzeln der polynesischen Sprache, die zur malaiisch-polynesischen Sprache zählt, die wiederum zur großen austronesischen Sprachfamilie gehört. Sie führten in den Süden des heutigen China. Von dort hatten sich vor Tausenden von Jahren Menschen aufgemacht und die Insel Taiwan besiedelt. In einigen abgeschiedenen Regionen der Bergwelt Taiwans werden noch heute austronesische Dialekte gesprochen.

Sprachen, die zur austronesischen Familie gehören, sind heute in einem Gebiet, das von Madagaskar im Westen bis zu den Osterinseln im Osten reicht, verbreitet, das entspricht mehr als der Hälfte des Erdumfangs. Somit sind die austronesischen Sprachen die am weitest verbreiteten.

Um 4300 vor Christus machten sich dann Menschen von der Insel Taiwan aus mit ihren Booten auf den Weg nach Süden, Richtung Philippinen. Von dort aus fuhren sie weiter zur Inselwelt der heutigen Molukken und nach Neuguinea. Hier, im Bismarck-Archipel (bis zum Ersten Weltkrieg deutsche Kolonie mit der Hauptstadt Rabaul), blieben sie einige Jahrhunderte, um dann in verhältnismäßig kurzer Zeit, um 1500 vor Christus, die Inseln des westlichen Pazifiks, Fidschi, Tonga und Samoa, zu besiedeln.

Linguisten und Archäologen kommen zu demselben Ergebnis, dass zeitgleich mit der Verbreitung der Lapita-Keramik Menschen mit malaiisch-polynesischer Sprache auf diesen Inseln des Pazifiks siedelten. Der berühmte amerikanische Biologe und Bestsellerautor Jared Diamond betitelte eine seiner wissenschaftlichen Veröffentlichungen bezeichnenderweise: »Taiwans Geschenk an die Welt«.

Dadurch wissen wir heute, dass die Menschen, die den Pazifik besiedelt haben, aus dem Westen, aus Südostasien, gekommen sind. Sie kamen nicht – wie Thor Heyerdahl behauptet hatte – aus dem Osten, aus Südamerika.

Heyerdahl gebührt dennoch große Bedeutung, denn er hat mit seiner Kon-Tiki-Expedition den Anstoß zur experimentellen Archäologie gegeben. Auch für meine englischen Partner und mich war Heyerdahl Vorbild, als wir mit zwei Nachbauten polynesischer Katamarane die Ersten waren, die den Migrationsweg der Lapita-Leute von Südostasien bis in den Pazifik über 4000 Seemeilen nachgesegelt sind.

WIE AUS EINER IDEE DIE LAPITA-EXPEDITION WURDE

Eine Entdeckung im Museum

Häuptlingssohn Edward von der entlegenen Insel Tikopia im fernen Pazifik hatte angeregt, dass ich mich mit dem Engländer James Wharram und seiner holländischen Partnerin Hanneke Boon traf, die Tikopia im Jahr 1996 besucht hatten – ein Jahr vor meinem Aufenthalt. Dieses Treffen fand im Jahr 2003 in England statt und sollte zu einem großen Projekt zur Erforschung der Besiedlung des Pazifiks führen. Ich besuchte James und Hanneke in ihrem Haus in Truro, Cornwall, und wir sprachen tagelang von Tikopia, polynesischem Bootsbau und Naturnavigation (dem Navigieren ohne Kompass).

Der zweite Auslöser für unser gemeinsames Projekt war ein Kanu, das im *Auckland Museum* ausgestellt ist. Dies ist nicht irgendein Kanu, sondern das *vaka tapu*, das heilige Kanu der Insel Tikopia. Vor etwa 100 Jahren hatte es der Großvater des jetzigen Häuptlings Tamauko dem damaligen Erzbischof von Auckland bei dessen Inselbesuch geschenkt. Ich hatte das Kanu 1997 im Museum gesehen und viele Fotos davon gemacht, nicht ahnend, dass diese nochmals Bedeutung bekommen sollten. Damals konnte ich auch nicht wissen, dass James und Hanneke dasselbe Museum zwei Jahre zuvor besucht und ebenfalls das Boot aus Tikopia lange begutachtet hatten.

Sie »entdeckten« den V-förmig geschnittenen Rumpf des Einbaumes. Normalerweise sind Einbaumrümpfe im Kielbereich rund, entsprechend der Form des Baumes. Aber bei diesem heiligen Kanu war es anders, die Bootsbauer hatten hierfür noch mehr Holz von dem Baum abgeschlagen und dem 7,5 Meter langen Auslegerboot diese V-förmige Rumpfform gegeben.

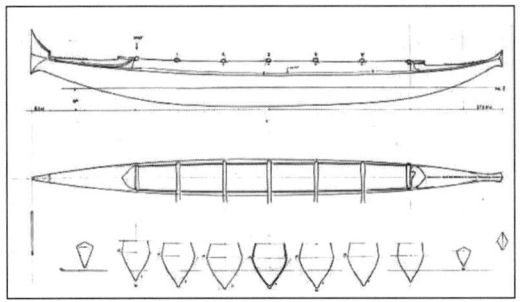

Hanneke nahm die Maße des heiligen Kanus ab und konstruierte danach den 11,5 Meter langen Katamarantyp *Tama Moana*.

Besonders James stutzte beim Anblick dieses Bootes. Seit 50 Jahren zeichnet er Katamarane mit schmalen, V-förmigen Rümpfen für seine unterschiedlichen Bautypen, die man als Bauplan kaufen und selbst bauen kann. Man trifft Wharram-Katamarane auf den Ankerplätzen dieser Welt. Beim Anblick des V-förmigen Rumpfes des heiligen Kanus sträubten sich die Armhaare von James, wie er mir später berichtete, glich doch diese Rumpfform »haargenau« derjenigen seiner gezeichneten Katamarane. Für den Bootskonstrukteur James war auf den ersten Blick klar, dass man mit dieser Rumpfform auch am Wind segeln konnte.

Dies war für James und Hanneke, die ebenfalls Katamaran-Designerin ist, eine Erkenntnis von historischer Bedeutung, denn ein Boot, mit dem man am Wind segeln kann, kann gegen den Wind aufkreuzen. Man musste also nicht wie Thor Heyerdahl davon ausgehen, dass sich die Polynesier nur von den vorherrschenden Passatwinden treiben lassen konnten. Für Heyerdahl war dieses Beweisstück in Neuseeland in den Wirren der Nachkriegsjahre nicht zugänglich.

James und Hanneke nahmen die genauen Maße des Bootes ab, notierten unter anderem den exakten Spantenriss. Nach ihrer Rückkehr nach England nahm Hanneke das heilige Kanu von Tikopia als Vorbild und zeichnete den neuen Bootstyp *Tama Moana* (»Kind des Meeres«). Der Rumpf wurde von 7,5 Meter auf 11,5 Meter verlängert, aus dem Einrumpfboot

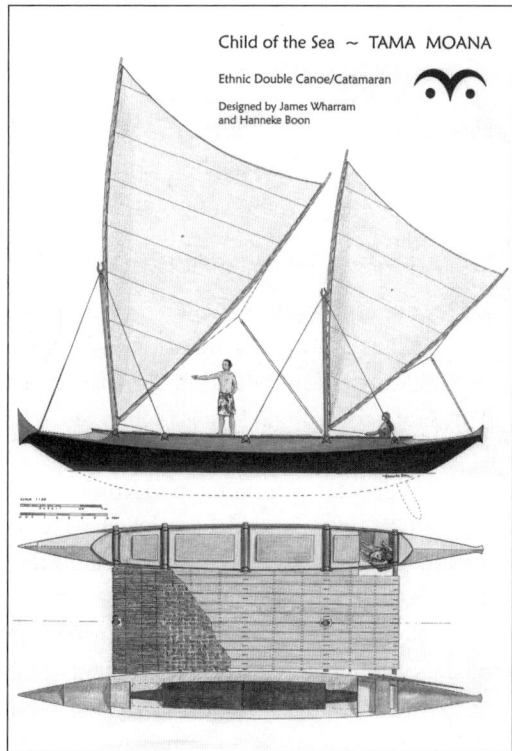

Erste Illustration des Katamarantyps *Tama Moana,* mit dessen zwei Nachbauten wir die Lapita-Expedition durchführten.

mit Ausleger wurde ein Zweirumpfboot, ein bei den Polynesiern früher üblicher Bootstyp. Hanneke und James übernahmen die traditionelle Segelform des sogenannten Krebsscherensegels, übertrugen Bug- und Heckform und verbanden die beiden Rümpfe mit fünf Beams und einer Plattform nach traditioneller Art mit Tampen. Es gibt auf keinem Wharram-Katamaran – und sei er über 20 Meter lang – eine starre Verbindung wie Bolzen, Schrauben, Nägel, alles ist mit Tampen festgelascht. Dadurch erhalten seine Boote – genau wie die traditionellen polynesischen Vorbilder – im Seegang eine vorteilhafte Flexibilität der Verbände.

Den *Tama-Moana*-Bausatz boten die beiden als *»Ethnic Design«* an. Glenn Tiemann, ein alter Wharram-Kunde, der bereits auf einer selbstgebauten Pahi 26 zehn Jahre zuvor den Pazifik überquert hatte und ein größeres Boot suchte, kaufte als Erster einen Bauplan. In drei Jahren baute sich der Kalifornier den *Tama-Moana*-Katamaran.

Während dieser Bauphase, im Jahr 2005, musste sich Hanneke einer Herzklappenoperation unterziehen. Kaum genesen, rief sie mich an: »Klaus«, hörte ich sie mit noch schwacher Stimme sagen, »ich wünsche mir, dass wir den Insulanern von Tikopia und von Anuta zwei *Tama Moanas* schenken. Wir können sie auf den Philippinen bauen lassen und von dort in den Pazifik zu den Inseln segeln. Was hältst du davon?«

Ich zögerte nicht einen Moment, schloss mich ihrer Vorstellung an und versprach, dabei zu helfen, ihre Idee zu realisieren. Voller Enthusiasmus begannen wir, in England und Deutschland Gelder zu sammeln. Meinen Freunden in Tikopia »ihr Boot« zu schenken trieb mich an. Aber nach einem Jahr stellten wir enttäuscht fest, dass bei Weitem nicht genug Geld gespendet wurde. Was tun?

Schlagartig fand ich die Antwort auf diese Frage. Man müsste die Übergabe der Boote mit einer historischen Reise verbinden. Mit einer Seereise von West nach Ost, auf den Spuren der ersten Siedler von Südostasien bis in den Pazifik, bis zu den beiden polynesischen Inseln Tikopia und Anuta.

Es war die Geburt einer großen Idee, einer historisch einmaligen Seereise, einer Expedition von wissenschaftlicher Bedeutung.

Nichts ist stärker als eine große Idee

Wie bei einem Puzzle sah ich die einzelnen Teile vor mir liegen:

- Aus Taiwan kamen die Lapita-Leute. Sie hatten, über die Philippinen kommend, den Pazifik besiedelt.
- Auf den Philippinen gab es eine Werft, die Wharram-Katamarane baut.
- Im Pazifik lagen die beiden Inseln, Tikopia und Anuta, denen wir die zwei Boote schenken wollten.
- Die Monsunzeit mit Winden aus Nordwest war für solch eine Route günstig.
- Wir würden die ersten Segler sein, die den richtigen Migrationsweg der Polynesier nachsegelten. Wir würden das fortsetzen, was Thor Heyerdahl mit seiner *Kon-Tiki*-Expedition begonnen hatte.

Ich war fasziniert von der Idee, etwas zu wagen, das vor mir noch keiner in der Neuzeit angedacht und durchgeführt hatte. Wir würden die Boote von Südostasien in den Pazifik segeln, auf einer Expedition, der ich den Namen »Lapita Voyage« gab.

Hanneke und James waren von der Idee begeistert und überließen mir die weitere Organisation.

Die Lapita-Leute, die angeblichen Vorfahren der Polynesier, benötigten von Taiwan bis in den Pazifik etwa 3000 Jahre, wir mussten es in nur einem halben Jahr schaffen, denn so lange dauert die Monsunzeit, von November bis April. So die Theorie.

Wir konnten die Boote von Andy Smith auf den Philippinen bauen lassen. Dieser hatte auf seiner Werft auf der Insel Panglao schon viele Wharram-Katamarane gebaut. Von Anfang an hatte ich die Vorstellung, neben einer Crew auch Wissenschaftler dabeizuhaben. Doch wer sollte die Crew stellen, wer hatte Zeit, auf einem kaum getesteten Boot durch unbekanntes Gebiet circa 4000 Seemeilen zu segeln, eine Strecke, die der von Hamburg nach Rio de Janeiro entspricht? Fragen über Fragen ...

Die Suche nach Sponsoren gestaltete sich sehr schwierig. Doch Not macht bekannterweise erfinderisch. Ich kam auf die Idee, Mitsegler zu suchen, denen ich im wahrsten Sinn des Wortes eine »Abenteuerreise« anbieten konnte. Eine etwa dreiwöchige Etappe sollte 5000 Euro kosten. Der Betrag würde in die Kasse des gemeinnützigen Vereins »Help Tikopia und Anuta e.V.« gehen, der von diesen Einnahmen die Boote bezahlen würde.

Die Rechnung ging auf. Aus einigen Bar- und Sachspenden und aus den Beiträgen von 14 Mitseglern kam so viel zusammen, dass wir den Bau der beiden Boote und die Reisekosten der halbjährigen Expedition gerade so finanzieren konnten.

Die Etappen bestimmte ich, indem ich genau prüfte, wo neue Mitsegler an Bord kommen und alte das Schiff verlassen konnten. Geeignet waren also nur solche Orte, in deren Nähe es auch einen Flugplatz gab.

Demzufolge ergab sich diese Einteilung:

1. Etappe: Panglao – Ternate, 1. 11. bis 21. 11., circa 760 Seemeilen;
2. Etappe: Ternate – Jayapura, 23. 11. bis 14. 12., circa 820 Seemeilen;
3. Etappe: Jayapura – Rabaul, 16. 12. bis 6. 1., circa 780 Seemeilen;
4. Etappe: Rabaul – Honiara, 8. 1. bis 29. 1., circa 600 Seemeilen;
5. Etappe: Honiara – Ndeni, 1. 2. bis 22. 2., circa 420 Seemeilen;
6. Etappe: Ndeni – Tikopia und Anuta, 22. 2. bis Anfang April,
circa 600 Seemeilen.

Die bunte Schar der Mitsegler

Innerhalb weniger Monate hatte ich die komplette Crew zusammen. Vorweg, wir hatten keinen einzigen erfahrenen Expeditionsteilnehmer dabei, wenn man von den Wissenschaftlern absieht, die jeder auf seine Weise bereits Feldarbeit auf
entfernten Inseln und in abgelegenen Gegenden geleistet hatten. Das Gros meiner Mitsegler waren Menschen wie du und
ich. Umso beachtlicher, dass ich ein Dutzend Menschen gewinnen konnte, die viel Geld für eine Passage von drei Wochen
und mehr zu zahlen bereit waren und dafür ein Abenteuer in
den Tropen, auf dem Wasser eingehen wollten. Wohl jeder
hatte seine eigene Motivation zu dieser Reise. Was allen ge-
mein war, war ein guter Schuss Abenteuerlust.

Mit den Mitseglern, die ich nicht schon länger kannte, führte
ich lange Gespräche, um festzustellen, ob ihnen die Reise

zuzutrauen war. Neben Fragen zur Belastbarkeit, Teamfähigkeit und praktischen Fähigkeiten interessierte mich besonders der Punkt »Kochkünste«, bin ich doch selbst ein miserabler Koch.

Je nach Talent verteilte ich die Aufgaben. Allerdings musste jeder Wache halten und lernen, Ruder zu gehen. Bei der Einteilung der Wachen berücksichtigte ich, soweit möglich, den persönlichen Schlafrhythmus, der eine geht schließlich gern später zu Bett, der andere steht dafür lieber früher auf. Spezielle Funktionen musste keiner übernehmen.

Die Mitsegler waren:

- Christoph Hagmann, selbstständiger Unternehmer, erste und zweite Etappe;
- Dr. Christoph Fahr-Becker, Unternehmensberater, zweite Etappe;
- Eve Sattler, Journalistin und Doktorandin, zweite bis vierte sowie sechste Etappe;
- Gisela Hülsewede, pensionierte Lehrerin, zweite Etappe;
- Rüdiger Weinauge, Architekt, dritte bis sechste Etappe;
- Peter Otte, pensionierter Lehrer, dritte Etappe;
- Dr. Jean-Pierre Lacoste, pensionierter Geschäftsführer, dritte Etappe;
- Bettina Leyer-Pritzkow, Hausfrau und eine Verwandte von mir, dritte Etappe;
- Philipp Hympendahl, Fotograf und mein jüngster Sohn, dritte Etappe;
- Nada Mandelbaum, Tanztherapeutin, vierte Etappe;
- Hannes Dehner, PR-Berater, vierte Etappe;
- Karl Schalk, selbstständiger Grafikdesigner, sechste Etappe.

Die Wissenschaftler:

- Dr. Eusebio Dizon, Archäologe, Universität von Manila, Philippinen, erste Etappe, interessiert an vorzeitlichen Funden auf philippinischen Inseln;
- Dr. Greger Larson, Molekularbiologe, *Durham University*, England, erste Etappe (teilweise), interessiert an DNA-Analysen von Haustieren;
- Prof. Keith Dobney, Molekularbiologe, *Durham University*, England, fünfte Etappe, interessiert an DNA-Analysen von Haustieren;
- Prof. Atholl Anderson, Archäologe, Prof. em., *Australian National University*, Australien, fünfte Etappe, interessiert an Lapita-Keramik und polynesischem Bootsbau.

Die mitreisenden Polynesier:

- Tulano Toloa, von den Tokelau-Inseln, lebt in Wellington, Neuseeland, fünfte und sechste Etappe, interessiert an polynesischer Vorgeschichte, Navigation und Bootsbau;
- Caulton Koriga, Bewohner der Zielinsel Anuta, Salomonen, fünfte und sechste Etappe.

Der Kameramann:

- Ingo Isensee, Kameramann der Grundmann-Filmproduktion, die für das ZDF (»Terra X«) einen Film über unsere Expedition produzieren wollte, erste, fünfte und sechste Etappe.

Die Kernmannschaft:

- James Wharram, Meeresarchäologe, Katamaran-Designer, erste bis fünfte Etappe;
- Hanneke Boon, Katamaran-Designerin, Skipperin des Bootes *Lapita Anuta*, alle Etappen;

- Matt Fletcher, freier Mitarbeiter englischer Filmproduktionen, alle Etappen;
- Klaus Hympendahl, Expeditionsorganisator, Skipper des Bootes *Lapita Tikopia*, alle Etappen.

Im Frühjahr 2008 bekam Andy den Auftrag, zwei baugleiche Katamarane vom Typ *Tama Moana* bis zum Herbst fertigzustellen. Die erste Rate wurde überwiesen, und seine Männer fingen im April mit der Arbeit an.

Jede Woche erhielt ich Fotos per E-Mail vom Stand der Baumaßnahmen. Und pünktlich, auf den Tag genau, wurden die beiden Boote fertiggestellt und zu Wasser gelassen. Es war wie ein Wunder! Doch bevor ich zu unserer Jungfernfahrt komme, noch ein kleiner Umweg nach Mexiko.

Ein Bootstest im Pazifik

James, Hanneke und ich waren uns einig, dass wir unbedingt das erste segelnde Schwesterschiff unserer im Bau befindlichen Katamarane selbst segeln, es auf Herz und Nieren testen und uns mit der Handhabung vertraut machen sollten.

Wir nahmen Kontakt mit Glenn Tieman in Los Angeles auf, der seit einigen Monaten vor der Küste Kaliforniens selbst die Segeleigenschaften seines *Tama-Moana*-Eigenbaus ausprobierte. Im November 2007 flogen Hanneke und ich nach Cabo San Luca am südlichen Ende der mexikanischen Halbinsel Baja California. Hier empfing uns Glenn, ein freundlicher, schmaler, sportlicher Amerikaner, am Strand.

Die beiden weißen Rümpfe grüßten aus dem türkisfarbenen Wasser. Hoch auf den Sand gezogen lag auch sein Auslegerboot, das er sich ebenfalls in leichter Holzbauweise, verstärkt mit Epoxydharzen (West-System), gebaut hatte. Nein, einen Motor gab es nicht.

Er paddelte uns mit seinem Auslegerkanu zu seiner *Tama Moana*, getauft auf den Namen *Manu Rere*. Zum ersten Mal stand ich auf diesem Katamaran-Typ, der später ein halbes Jahr lang mein Zuhause sein sollte.

Zuerst fiel mir eine große Plattform aus Holzbrettern auf, die über fünf Querbalken lag. Rechts und links die typischen Rümpfe mit hochgezogenen Bug- und Heckformen. Auf den Rümpfen sah ich jeweils zwei große und eine kleine Luke. Unterhalb der großen Luken befanden sich die insgesamt vier Kojen von 60 mal 200 Zentimeter. Unter den kleineren Luken in beiden Vorschiffen lagen die Stauräume. Dann gab es noch zwei achterliche kleine Cockpits mit je einem Sitz und je einer Pinne, die auf das Steuerpaddel griff. Direkt am vorderen Ende der Plattform gab es den Hauptmast, und circa einen Meter vor dem achterlichen Ende der Plattform ragte der kleinere Besanmast empor. Die beiden Masten waren mit vier Wanten an Beams befestigt.

An sechs von sieben veranschlagten Tagen segelten wir mit Glenn. Wir hatten gute Winde, und so konnte ich auch einmal für kurze Zeit erleben, wie dieser sehr leichte Katamaran 12 Knoten Geschwindigkeit machte, eine Marke, die wir später nie erreichen sollten, weil unsere Katamarane zu schwer beladen waren.

Wir lernten, die beiden Krebsscherensegel zu setzen, zu reffen und zu bergen – jedes Mal mit kleinen Kniffen und Tricks verbunden. Am schwierigsten war es, das Großsegel zu setzen, denn das Fall lief oben durch eine Gabel am Kopf des Mastes, und es entstand enorm viel Reibung. Um etwas weniger Reibung zu erhalten, dachte Glenn daran, einen Teil des Falls mit Lanolin, einem natürlichen Schaffett, einzuschmieren – aber das hätte unweigerlich auch an anderen Stellen zu einer gewissen »Schweinerei« geführt. Also stemmte er einen Fuß gegen den Mast und zog das Fall mit dem Gewicht seines Körpers Ruck für Ruck durch, bis die Spiere fast am Masttopp angelangt war.

Glenns Boot machte einen hervorragenden Eindruck. Hier war ein Perfektionist an der Arbeit gewesen. Als erfahrener Einhandsegler wusste er, dass er alles an Bord selbst beherrschen musste. So auch das Setzen der schweren Segel mit den Spieren aus Bambus. Um diese Bambusspieren leichter zu machen, schnitt er sie der Länge nach durch, entfernte die harten, schweren Kerne und klebte die beiden Hälften mit Epoxydharzen wieder zusammen.

Wir lernten schnell die Segelführung bei unterschiedlichen Winden. Ließen uns von ihm zeigen, wie er das dreieckige Krebsscherensegel, bei dem der kürzere Schenkel oben fast horizontal liegt, refft.

Hochinteressant an dem System der Krebsscherensegel ist, dass es im Windkanal bei Vergleichen mit anderen Segelformen, wie zum Beispiel dem Gaffel-, dem Lateiner- oder dem auf den meisten Jachten üblichen Marconirigg, am besten abgeschnitten hat.

Durch die Reibung an der Erdoberfläche (ob Land oder Wasser) ist die Windstärke an der Erdoberfläche wesentlich geringer. Wenn zum Beispiel auf dem Meer in zwölf Meter Höhe eine Windstärke von acht Knoten gemessen wird, dann sind es auf fünf Meter Höhe nur noch vier Knoten Wind. Das heißt: Je höher die Segelfläche angebracht ist, desto mehr Wind empfängt das Segel.

Das polynesische Krebsscherensegel folgt genau diesem Naturgesetz, hat oben viel Segelfläche und unten wenig. Gerade umgekehrt verfahren wir Segler in der westlichen Welt. Da, wo der Wind stark ist, nämlich oben, haben unsere Jachten wenig Segelfläche, und da, wo der Wind schwächer ist, haben sie die große Segelfläche. Woran mag das liegen? Mir fallen darauf nur zwei Antworten ein: leichtere Handhabung der Segel und leichteres Reffen.

Der neuralgische Punkt an Glenns Boot war wohl die Steueranlage. Gesteuert wurde mit zwei sogenannten Steuerpaddeln. An der Innenseite eines jeden Rumpfes war achtern ein Steuerpaddel angebracht. Am Kopf des Paddels steckte oben eine Pinne, durch einen kleinen Keil gesichert, mit der man vom Cockpit aus das Steuerpaddel leicht drehen konnte, um Kurskorrekturen vorzunehmen. Am besten ließ sich das Boot steuern, indem man beide Pinnen mittels einer Querstange, in diesem Fall auch aus Bambus, verband. Es war jedoch schwierig, das senkrecht stehende große Steuerpaddel an den Rumpf zu binden, ohne die Möglichkeit zu beschränken, dass es sich leicht um seine eigene Achse drehen ließ. Glenn hatte ein Loch durch die Außenwand des Cockpits gebohrt, durch das er einen Tampen zu dem Paddel führte. Damit dieses stramm an einem hölzernen Widerlager am Rumpf anlag, zog er den Tampen im Cockpit mit einer Talje durch. Gut, aber nicht gut genug. Hier mussten wir uns noch etwas für unsere Katamarane einfallen lassen – allerdings später!

Nach knapp einer Woche Segeln im schönen, heißen Baja California waren wir fit und hatten die Eigenarten des Bootes verinnerlicht.

Die Ausnahmewerft

Am 3. 10. 2008 flog ich über Manila nach Bohol, eine der größeren philippinischen Inseln. Im Zentrum der nahen Insel Panglao – weitab vom Meer – sah ich auf der Werft von Andy Smith zum ersten Mal die beiden Boote aufgebockt liegen. Sie waren wunderschön. Die Linien der Rümpfe, die herrlichen Farben, die mein Freund, der Maler Günter Bahr, für die Boote gewählt hatte, mit dem großen Logo auf allen Bugen. Diese ästhetischen Katamarane zu sehen erfüllte mich mit Stolz. Vergessen waren zwei harte Jahre der Vorbereitung. Vergessen auch die vielen Fotos, die mir Andy während der Bauzeit geschickt hatte – sie sagten etwas über die Bauphasen aus, aber nichts über die tatsächliche Schönheit dieser Boote.

In den nächsten drei Wochen waren Hanneke und ich jeden Tag auf der Werft. Während sich Hanneke um das Nähen der Segel, um das Rigg und das Laufende Gut kümmerte, konzentrierte ich mich auf den Einbau der Solarzellen, der Batterien, des Satellitentelefons, der UKW-Geräte, der elektrischen Anschlüsse, der vier Kompasse in den Cockpits – kurzum: um die Technik. Wir waren in dieser Endphase gerade zur rechten Zeit gekommen. Stündlich mussten Entscheidungen getroffen werden.

Ich war beeindruckt von der Qualität der Arbeit. In kleinen Teams arbeiteten über 20 Männer an den Booten. Drei nähten die Segel, befestigten die einem hellbraunen Mattengeflecht ähnelnden Kunststoffsegel an den Bambusspieren. Zuvor hatten Männer in den Bergen von Bohol – bei Vollmond – extra starken und flexiblen Bambus geschnitten und in einer abenteuerlichen Lkw-Fahrt zur Werft gebracht. Ein anderes Team arbeitete an den beiden Auslegerkanus, die neben den Schlauchbooten unsere Beiboote sein sollten – auch ein Design von Hanneke und James. Weitere Männer zimmerten in der Werkstatt an den Steuerpaddeln sowie an großen Paddeln für Flauten oder hölzernen Beschlägen für das Deck. Ein Maler zeichnete freihändig, ohne Schablonen, die Namen der Boote – *Lapita Tikopia* und *Lapita Anuta* – auf ihre Rümpfe. Ein Pastor, im Nebenjob Elektriker, legte Leitungen und schloss die Geräte an. Ein schweigsamer Philippiner fertigte derweil über Tage hinweg die beiden großen Badeleitern aus frischem Bambusrohr an, die sich später nicht nur als nützlich, sondern auch als lebensrettend erweisen sollten.

Ich hatte den 1. 11. 2008 als Beginn der langen Seereise festgelegt. Diese Terminplanung lag viele Monate zurück. Auf dieses Datum bauten alle Folgedaten der Expedition auf. Alle Mitsegler und Wissenschaftler der insgesamt sechs Etappen hatten auf Basis dieses Ausgangsdatums ihre Flüge, ihre Hotels und Pensionen gebucht.

Als der Jeep am Morgen des 26. 10. kam und jeden der vier Rümpfe einzeln auf einem abenteuerlich aussehenden Anhänger zum vier Kilometer entfernten Strand zog, dachte ich, alles wäre im Lot. Ich war beruhigt. Vier Tage würden für alle weiteren Vorbereitungen ausreichen.

Noch am selben Tag wurden die beiden Boote am Strand zusammengebaut: Jeweils zwei Rümpfe wurden mit fünf Beams verbunden, dann wurde das Deck daraufgelegt, alle weiteren Verbindungen mit Tampen festgelascht, die Masten gestellt, die drei Segel verstaut.

Jetzt lagen beide Boote leicht schräg auf dem Strand, aufgebockt, die Buge leicht Richtung Meer geneigt. James taufte den Katamaran *Lapita Anuta* und ich danach das Boot *Lapita Tikopia*. Wir hatten uns Kokosnüsse besorgt, und anstatt Champagner schütteten wir das Wasser der Nüsse über den jeweiligen Bug. Die Reden waren kurz, denn die Mittagssonne brannte.

Danach wurden die Pflöcke weggeschlagen, die die Boote hielten, und beide Katamarane glitten sanft vom weißen Strand ins türkisfarbene Meer. Die Boote lagen weit über der Wasserlinie, waren jedoch noch nicht ausgerüstet und beladen. Bereits am Nachmittag segelten wir mit einigen Werftarbeitern die wenigen Seemeilen zum pittoresken Alona Beach, wo sich Touristen von Japan bis England am Strand massieren lassen, um dann die Nächte besser in den Discos und Karaoke-Bars durchzustehen.

Es blies eine leichte »Damenbrise«, und wir freuten uns, den Probeschlag bestanden zu haben. Als die Sonne im Westen am Alona Beach unterging, lagen die beiden Katamarane keine 50 Meter vom Strand entfernt vor Anker.

Ich hatte ein tiefes Gefühl der Zufriedenheit und die absolute Sicherheit, alles getan zu haben, um die Reise beginnen zu können. Schiffe überpünktlich zu Wasser gelassen, alle Rechnungen bezahlt, das Ziel der ersten Etappe, die Insel Ternate, vor Augen.

Während der nächsten drei Tage verstauten wir unsere Sachen in den Kojen und die Vorräte in den beiden vorderen Kammern des Vorschiffes. Es gab keinen Schiffsausrüster auf Panglao und auch nicht auf Bohol. Nur Wochenmärkte, Eisenwarengeschäfte und ein paar Supermärkte. So mussten wir improvisieren, um die Boote auszurüsten. Nachträglich empfinde ich es sogar als Vorteil, denn so mussten wir mit dem Angebot der Einheimischen auskommen, kauften deren Körbe zum Verstauen, deren Faltstühle zum Sitzen, deren Petroleumkocher, Tauwerk, Töpfe und Besteck. Sicherlich nicht von europäischer Qualität, dafür aber von asiatischem Charme.

Anker und Ankertaue wurden in den großen Körben an Deck untergebracht. Die Segel lagen auf den über die Rümpfe hinausragenden Beams an Backbord. An Steuerbord waren das zerlegte Auslegerkanu gelagert sowie weitere Ersatzspiere. Die Boote sahen am letzten Abend aufgeräumt aus, bereit zum Auslaufen.

Auf dem Boot *Lapita Anuta* sollte Hanneke die Schiffsführung haben (James war zu dieser Zeit bereits 80 Jahre alt). Zur Mannschaft gehörten außerdem Matthew (Matt) Fletcher und Dr. Eusebio Dizon, der Archäologe aus Manila.

Auf der *Lapita Tikopia* war ich Skipper und wurde begleitet von Christoph Hagmann, dem Kameramann Ingo Isensee und Dr. Greger Larson, dem Molekularbiologen aus den USA.

Hanneke und ich fuhren mit der Fähre nach Cebu City auf der gleichnamigen Insel, um auszuklarieren. Sie ist nach Manila die zweitgrößte Stadt der Philippinen. Wir hatten alle Pässe der Mitsegler und die neuen Schiffspapiere dabei und marschierten durch die Behördeninstanzen: Zoll und Immigration. Beim Zoll lief alles zäh und langsam, aber nach ein paar Stunden hatten wir die Ausreisegenehmigung in der Tasche.

Bei der Immigration lief das anders. Der Beamte war allein in seinem Büro. Nur sein dicklicher, pubertierender Sohn war noch anwesend und spielte wie besessen auf Vaters Dienstcomputer. Der Beamte meinte, er könne uns die Pässe nicht abstempeln, wir würden ja noch an anderen philippinischen Inseln vorbeisegeln und könnten viel später in einem anderen Hafen ausklarieren. Außerdem sei es bereits Freitagmittag, gleich beginne das lange Wochenende, Montag und Dienstag seien Feiertage, wir sollten Mittwoch wiederkommen. Nach einer Stunde Verhandeln wurde mir klar, dass er uns erpressen wollte. Und noch bevor ich diesen Gedanken Hanneke mitteilen konnte, nannte er uns seinen Preis. Innerlich verfluchte ich ihn – und seinen dicken Sohn – und zahlte. Ein großes Loch in unserer Bordkasse war entstanden. Und mit einem sehr bitteren Beigeschmack bestiegen wir die Fähre zurück nach Bohol.

Ein paar Nachbesserungen und weitere Besorgungen hielten uns zwei Tage länger auf als geplant, und so starteten wir statt am 1. 11. erst am 3. 11. Alles lief bis dahin wie am Schnürchen. Auf die zwei Tage sollte es nicht ankommen, dachte ich.

1. Etappe der Lapita-Expedition:
VON PANGLAO NACH TERNATE

Eine Nacht des Grauens

Am 3. 11. 2008 zog Andy unsere beiden Boote zwischen den dicht geankerten *bankas*, den Holzbooten mit ihren beiden Auslegern, hinaus ins tiefe Wasser. Unsere 4000 Seemeilen lange Reise sollte beginnen.

Ein paar Tage zuvor hatte es noch ein großes Fest am Strand von Alona gegeben. Der Gouverneur von Bohol war da, alle 20 Werftarbeiter trugen unsere T-Shirts mit dem *Lapita-Voyage*-Logo auf der Brust, viele Gäste waren gekommen, auch Kamerateams vom lokalen Fernsehsender. Der Gouverneur sprach, danach James, ich und auch Hanneke. »Nein, in diesen Booten wollt ihr 4000 Seemeilen segeln!«, mussten wir immer wieder hören. All dieser Trubel lag nun hinter uns.

Der Wind blies leicht aus Osten – genau aus der Richtung, in die wir wollten. Waren wir erst einmal 100 Seemeilen gen Osten gesegelt und noch weitere 30 Seemeilen weiter um die nördliche Spitze der großen Insel Mindanao herum in den Pazifik, konnten wir Kurs gen Süden auf die 540 Seemeilen entfernte Insel Ternate nehmen, das erste Etappenziel.

Wir mussten also kreuzen, und schon bald merkte ich, dass wir Probleme mit den Steuerpaddeln und den Segeln hatten. Mein Boot ließ sich nur schwer auf Kurs halten. Es wollte nicht am Wind segeln. Das Boot war viel zu luvgierig. Aber wie kam das? Auf dem kurzen Probeschlag, am Tag der Taufe, segelten wir vor dem Wind und hatten dieses Problem nicht bemerkt. Ich probierte alles Mögliche mit den Segeln aus, fierte das Großsegel, auch das Besansegel, holte beide dicht – all das brachte keine Besserung. Das Boot segelte einfach nicht kursgenau.

Dann kam die Nacht. Achtern hatten wir an Steuerbord einen zwei Meter hohen Stock montiert, auf dem ein normales Solarlicht angebracht war. Es war unser Rundumlicht. So kalt wie dieses Licht leuchtete, so kalt sollte es uns in dieser Nacht erwischen. Der Wind nahm zu, natürlich aus Ost. Als Erstes rissen die Taklings der Schot. Ich versetzte den Holepunkt und konnte auch so die Schoten benutzen.

Das zweite Problem, das auftrat, war die Befestigung der Ruderpaddel am Rumpf. Immer wieder kam Lose auf den Tampen, der das Ruderpaddel fest am Rumpf halten sollte und somit eine präzise Steuerung unmöglich machte. Wieder und wieder mussten wir den Tampen festziehen, bis ich den Ruf des Rudergängers Greger hörte: »Klaus, the rope is broken!« Die Reparatur wäre schon bei Tag schwierig gewesen, aber bei Nacht und dem aufkommenden Seegang war sie fast unmöglich. Wir schafften es mit unseren Stirnlampen dennoch.

Die stürmischer werdende See brachte ständig Wasser über Deck, und wir mussten feststellen, dass es bei Nässe so glatt war wie auf einer Schlittschuhbahn. Stolz hatte mir Andy zuvor verkündet, das Deck mit Kokosnussöl eingerieben zu haben, ein guter Schutz gegen Termiten. Nur hatten wir auf See keine Termiten, dafür nun aber ein gefährlich glattes Deck. Wir kämpften in dieser Nacht gegen den Wind, gegen den Seegang und gegen die Luvgierigkeit, gegen Reparaturen an den Steuerpaddeln, gegen die Glätte – einfach gegen alles.

Ans Essen dachte keiner, bis Greger es wohl nicht mehr aushielt und er fragte, ob es denn auf der Expedition nicht auch etwas zu essen gebe. Wir hatten die winzige Zelle an Steuerbord vorne als Kochstelle vorgesehen. Man konnte sich auf ein kleines Sitzbrett hocken, den Kopf einziehen und die Beine anziehen. Dann zog man die Luke herunter, pumpte im Tank des Petroleumkochers den Druck auf, zündete den Brenner an, ließ ihn vorglühen und stellte ihn auf große Flamme. Nun musste man nur noch den Topf mit Wasser für die Spaghetti festhalten, bis das Wasser kochte, die Nudeln hineinwerfen und weiter alles festhalten, damit man sich nicht mit kochendem Wasser verbrühte. Luke auf, Wasser ins Meer, Luke zu, Sauce zubereiten, Teller, Besteck, Gewürze an Deck stellen, sie vor überkommendem Salzwasser irgendwie schützen, auf dem aalglatten Deck nach achtern robben und jedem seinen Teller bringen. Es war kurz vor Mitternacht, als ich die Stimme von Greger hörte: »*The saltiest pasta in my life!*«

Am Morgen sahen wir uns durch Gegenwind, starken Gegenstrom und miserable Segeleigenschaften nach Süden versetzt. Keiner hatte ein Auge zugemacht, alle hatten wir das Salz der stürmischen See auf der Haut. Wir waren nicht nur müde und kaputt, sondern auch tief enttäuscht. Das war eine Jungfernfahrt, wie sie schlimmer nicht hätte sein können. Ich konnte mich an keine Nacht auf See erinnern, die so chaotisch verlaufen war wie diese. So konnte es nicht weitergehen.

Wir beschlossen einstimmig, wieder zurückzusegeln. Am Morgen brachten wir beide Ruder ins Wasser und erzielten zum ersten Mal eine Art von Segelvergnügen auf dem neuen Kurs mit sieben bis neun Knoten Geschwindigkeit. Aber das war auch das einzig Erfreuliche.

Als wir wieder am Alona Beach ankamen, hörten wir, dass es der Crew auf dem anderen Boot auch nicht besser ergangen war, allerdings lagen sie zehn Seemeilen weiter östlich vor Anker. James sagte nur: »Das war eine der schlimmsten Nächte in meinen 50 Jahren Hochseesegeln!«

Wir trafen uns alle auf der *Lapita Anuta*, die in einer Flussmündung von Bohol lag. Greger machte klar, dass er aussteigen wollte. Die Boote seien zu gefährlich, seien nicht erprobt, was nur schiefgehen konnte, war schiefgelaufen. Er könne es vor seiner Frau nicht verantworten, weitere drei Wochen auf diesem gefährlichen Boot zu bleiben. Es gab einen heftigen Schlagabtausch zwischen ihm und James: Dies sei eine Expedition, hier würde auch mit den Booten experimentiert, all das hätte er als Wissenschaftler wissen müssen.

Greger stieg aus, wies aber vorher Matt in die Technik ein, wie man von Hühnern, Hunden und Schweinen auf der Reise Feder-, Haar- und Borstenproben für die spätere DNA-Analyse nehmen konnte.

Andy, Hanneke und ich zogen die Konsequenzen aus dieser Jungfernfahrt des Grauens und planten grundsätzliche Verbesserungen. Nein, das waren nicht nur Kinderkrankheiten, das waren auch Unterlassungen von beiden Skippern. Wir hatten uns einfach durch den reibungslosen Bootsbau, die schöne Taufzeremonie und das anschließende »Probesegeln« einlullen lassen. Wir hatten eine Jungfernfahrt unter allen erdenklichen schwierigen Bedingungen nicht für nötig gehalten. Es war unsere Schuld. Aber besser, diese Erfahrung gleich zu Anfang der Reise gemacht zu haben als später.

Ein paar Tage Verzögerung mussten wir in Kauf nehmen.

Alle Taklings wurden entfernt und die Schotverbindungen stattdessen genäht. Die Tampen, die die Steuerpaddel an das Widerlager am inneren Teil der Rümpfe pressten, wurden kräftiger durchgesetzt. Hierzu benutzten wir jetzt eine sogenannte Spanische Winde. Dabei wird der Tampen, der vom

Ruder durch ein Rohr im Rumpf führt, um die zwei achterlichen Beams geführt und dann mithilfe eines Holzknebels so lange gedreht, bis er stramm sitzt. Beide Decks wurden gesandet, um das Öl, das sie so glatt gemacht hatte, zu entfernen. Andy ließ Grätings für die Cockpits herstellen, damit wir nicht ständig im Wasser standen. Hanneke entwarf eine »magische Holzbox«. Diese wurde mitten aufs Deck gestellt und an den Deckbrettern festgebunden. Vorne hinein kam der Außenborder, während der hintere Teil unsere »Küche« wurde. Zwei Petroleumkocher fanden Platz sowie die wichtigsten Küchengegenstände. Zusätzlich nähten wir alle an einem Sonnenschutz für die Boote. Das Wichtigste war jedoch die Erkenntnis, dass wir in Zukunft beide Steuerpaddel benutzen mussten. Wir verbanden einfach die beiden Pinnen mit einem Stück Bambus.

Am 8. 11. war Probesegeln. Es verlief gut. Endlich ging es am 9. 11. los, eine Woche später als vorgesehen.

Unter Zeitdruck

Was sind schon 100 Seemeilen? Ein Katzensprung bei einer angesetzten Reise von 4000 Seemeilen! Aber wenn kein Wind weht, können auch 100 Seemeilen zur »endlosen Durststrecke« für ein segelndes Boot werden. Eine Strecke, die man bei günstigen Winden in 24 Stunden hinter sich gelassen hätte, wird dann zur Tortur – wenn man unter Zeitdruck steht. Zeitdruck ist der ärgste Feind des Segelns.

Wir hatten seit dem zweiten Start am 8. 11. abwechselnd nur eine leichte Brise von Osten oder Flaute. Es langte, um in zwei Tagen und Nächten ganze 41 Seemeilen weiterzukommen. Wir ankerten in einem Dorf namens Madua Sur, immer noch auf der Insel Bohol.

Am nächsten Tag nahm der Wind zu, aber er kam wieder aus Osten, genau daher, wo wir hinwollten. Jetzt zeigte sich, wie hoch wir am Wind segeln konnten. Es waren enttäuschende 65 Grad. Ähnlich schlechte Ergebnisse hatten die alten Rahsegler. Moderne Katamarane können circa 45 Grad am Wind segeln, Regattajachten sogar 30 Grad. Unsere Katamarane hatten keinen Kiel unter den Rümpfen – nur den V-förmigen Rumpf selbst – und auch keine Steckschwerter, sodass sie keine guten Eigenschaften besaßen, um am Wind zu segeln. Die wichtigsten Gründe für diese unbefriedigende Performance waren die schwere Zuladung sowie der ständige Gegenstrom. Dabei wusste ich doch von dem Schwesterschiff, das Hanneke und ich in Mexiko getestet hatten, dass eine *Tama Moana* gut 50 Grad am Wind segeln kann.

So kreuzten wir am dritten und vierten Tag 48 Stunden lang gen Osten. Gefühlt waren wir bereits an der Nordseite von Mindanao, aber das GPS gab uns ganz andere Werte an: Wir kreuzten auf der Stelle! Wir hatten die Rechnung ohne den Strom gemacht. Der kam mit zwei bis drei Knoten ebenfalls aus Osten und ließ uns nicht vorankommen.

Über UKW-Funk nahm ich Kontakt mit dem anderen Boot auf, und wir beschlossen, im Südwesten der Insel Panaoan zu ankern. Hanneke und ich studierten die Seekarten und erkannten, dass die Wassermassen des Pazifiks nördlich der großen Insel Mindanao nach Westen gepresst werden. Mal mit zwei Knoten, bei Flut mit bis zu vier Knoten. Bei den anhaltenden schwachen Winden gab es für uns kein Durchkommen durch die Surigao-Passage.

Ich spürte zum ersten Mal als Organisator der Reise die

große Last auf meinen Schultern. Niemals würden wir pünktlich auf Ternate ankommen. Drei Mitsegler würden dort lange auf uns warten müssen, würden ihre Rückflugtickets verfallen? Auch Bong, so der Spitzname des Wissenschaftlers Dr. Dizon, auf der *Lapita Anuta* hatte nur drei Wochen Urlaub und konnte nicht länger bei uns bleiben. Was tun?

Ich dachte daran, die Insel Mindanao nicht wie vorgesehen im Osten, sondern im Westen zu umsegeln. Als ich dies mit der Crew und den Einheimischen am Ankerplatz besprach, schauten mich die Philippiner irritiert an. Ob ich denn noch nichts von der Abu Sayyaf gehört hätte, der muslimischen Befreiungsarmee im Süden der Insel? Die würden uns sofort als Geiseln nehmen.

Der nächste Tag brachte auch nur Flaute, an Segeln war nicht zu denken. Da kam mir die Idee, uns von der täglich fahrenden Fähre die 20 Seemeilen zu der Stadt Surigao auf Mindanao schleppen zu lassen. Am nächsten Morgen hingen beide Boote am Heck der Fähre. Ein Handgeld für den Kapitän, und der Deal war abgeschlossen. Innerlich fühlte ich eine Art von Schmach, die Expedition mit einem »Abschleppdienst« begonnen zu haben, doch wir mussten endlich weiterkommen.

Surigao ist eine quirlige große Stadt im Norden der Insel Mindanao. Wir ankerten gut geschützt zwischen Dutzenden von *bankas*. Ein Teil von uns erledigte die Einkäufe, andere besuchten Internetcafés, ich suchte den nächsten Schleppdienst. Niemals würden wir bei dieser Flaute auch nur eine Seemeile Richtung Osten machen können. Im Gegenteil, bei Verlassen des Ankerplatzes würde uns der Strom sofort nach Westen abtreiben, dahin, wo wir herkamen.

Nach zwei Tagen Suche hatte ich für den nächsten Tag um fünf Uhr früh zwei *bankas* mit starken Motoren gebucht.

400 Euro kostete die 25 Seemeilen lange Fahrt durch das Archipel bis in den Pazifik, zu dem für uns so wichtigen Punkt, wo wir sagen konnten, jetzt nehmen wir Kurs Richtung Süden, nach Indonesien.

Die Fahrt dauerte fünf Stunden. Kaum waren wir auf der pazifischen Seite angekommen, herrschte eine ganz andere Wettersituation. Die heiße stickige Luft wechselte in eine frische Seebrise. Jeder fühlte sich wohler. Die Segel wurden gesetzt. Der Wind kam vorteilhaft aus Nordost, und wir konnten zum ersten Mal seit der Abfahrt unseren neuen Kurs anlegen.

Für wenige Stunden waren die Schwierigkeiten der vergangenen Tage vergessen: die katastrophale Jungfernfahrt; der Zeitverlust durch die vielen Nachbesserungen an den Booten; die Flauten und der Gegenstrom, die den Zeitplan weiter durcheinandergeraten ließen. Ich war fest davon überzeugt: Mehr Pech geht nicht, jetzt wird alles besser!

Das einzig Trockene an Bord war der Sherry

Auf der Fahrt nach Süden hatten wir stürmisches Wetter. Und wir hatten Regen. Tagelang! Genau gesagt, war es bedeckt, graue Wolken hingen über uns. Zusätzlich zogen schwarze, tiefer hängende Wolken, die fast die Mastspitzen erreichten, über uns hinweg. Vor jeder dieser schwarzen Wolken kam eine starke lang anhaltende Böe und danach die noch stärkere Regenfront. Längst hatten wir das Großsegel gegen das kleinere Besansegel ausgetauscht. Bei jeder Böe gingen wir in den Wind, ließen das Segel flattern. Das ging so zwei Tage und zwei Nächte lang.

Über UKW-Funk hörten wir, dass die Crew der *Lapita Anuta* in einer Bucht auf der Ostseite von Mindanao Schutz gesucht hatte. Das Boot wurde durch den Starkwind Richtung Land gedrückt, und so war es das einzig Richtige, erst einmal an einem Ankerplatz in der Bislig Bay festzumachen. Hier erholte sich die Besatzung, wartete auf ein Nachlassen des Regens und der Starkwindböen.

Wir segelten weiter gen Süden und erreichten bei einem erneuten tropischen Regenguss eine Bucht, die uns ebenfalls Schutz vor den Starkwindböen bot. Der Regen hatte so sehr zugenommen, dass wir unseren eigenen Bug nicht mehr erkennen konnten. Es war, als ob man unter einer Dusche stünde und die Badezimmertür nicht mehr erkennen würde. Regen, Regen, Regen ...

Inzwischen war auch unter Deck alles nass. Um aus der Kabine (besser: Kabinchen) herauszukommen, musste man die Luke öffnen. Öffnete man diese auch noch so schnell, Regen kam immer herein. Da keine Luke ganz dicht war, gelangte auch das von unten hochpeitschende Wasser nach innen, das zuvor gegen die Rümpfe geprallt war. Dadurch waren auch die Kojen und die Kleidung, die Bücher, die Kameras und alle persönlichen Dinge feucht oder nass. Am schlimmsten hatte es die kleine Navigationsecke getroffen. Wasser tröpfelte auf die Geräte. Ich musste sie ständig trocken reiben. Als ich kein trockenes Tuch mehr hatte, befestigte ich eine Plastikfolie über den Geräten. Regen von oben und Salzwasser von unten, diese Kombination hatte ich in meiner 35-jährigen Hochseeseglerzeit noch nie erlebt. Wir waren alle froh, als wir endlich vor einem Dorf ankern konnten.

Am übernächsten Tag segelten wir weiter und hatten auch wieder Sprechkontakt über UKW mit dem anderen Boot. Es war immer noch bedeckt, regnete viel, und die Sicht war schlecht. Auf beiden Booten gab es starke Lampen. So konnten wir schwach das Leuchtsignal der *Lapita Anuta* erkennen und wussten, wo sie war. Eine Strecke von 400 Seemeilen lag vor uns, und wir hofften, auf diesem Abschnitt das andere Boot mit Hanneke, James und Matt nochmals zu sehen. Dr. Dizon hatte die Crew bereits in ihrer letzten Ankerbucht verlassen, denn seine Reisezeit war abgelaufen.

Eine besondere Kunst war das Kochen unter diesen Bedingungen. Die Küchenkiste hatte zwei Deckel: einen oben und einen hinten. Um bei Regen den Petroleumkocher in Gang zu halten, musste der hintere Deckel geschlossen sein, der obere leicht geöffnet, um der Flamme genügend Sauerstoff zuzuführen. Der Arm musste durch die kleine Öffnung passen, um noch umrühren zu können. Dabei durfte kein Wasser auf die Flamme kommen. Ein Balanceakt, den wir drei Segler abwechselnd vollbringen mussten.

Endlich hatten wir einen konstanten Nordostmonsun mit drei bis vier Beaufort, genau wie vom Deutschen Wetterdienst (DWD) angesagt, der uns täglich mit Vorhersagen per E-Mail begleitete. Wir hatten für die knapp halbjährige Reise ganz bewusst die Monsunzeit gewählt, die im westlichen Pazifik von November bis April dauert. Sie ist gleichzeitig die Regenzeit. Die Winde wehen dann meist aus Nordwesten, eine für uns günstige Richtung. Die andere Jahreshälfte bestimmt der Passatwind mit gleichmäßigen, aber stärkeren Winden aus Südost, was für uns Gegenwind bedeutet hätte und nicht infrage kam.

Täglich mussten wir die Tampen prüfen, die die beiden Steuerpaddel an den Rümpfen hielten. Sie scheuerten schnell an der Stelle zwischen Steuerpaddel und Widerlager und durften auf keinen Fall reißen. Rechtzeitig mussten wir den jeweiligen Tampen lösen, ihn durch das Steuerpaddel bis hinter die angescheuerte Stelle herausziehen, einen neuen Achterknoten machen und den langen Tampen wieder mit der Spanischen Winde durchsetzen.

Nur unter Großsegel fuhren wir nach Süden, da das Besansegel zu viel Druck auf das Ruder ausgeübt hätte. Wir hielten einen Vorhaltewinkel von circa 20 Grad, um Abdrift und Strom auszugleichen. Auch hier presste der Pazifik das Wasser mit bis zu zwei Knoten nach Osten.

Der Wind ließ nach, und die Stimmung an Bord kippte. Christoph wollte an Land, aber der schwache Wind ließ uns kaum vorankommen, obwohl wir die Insel Halmahera bereits vor uns sahen. In der letzten Nacht vor unserer Ankunft ging der Regenmarathon weiter. Zusätzlich hatte eine Flaute eingesetzt. Die Nerven lagen blank. Dann brach der neue Morgen an. Wind aus Osten kam auf, das Ziel lag uns vor Augen. Wir segelten mit fünf Knoten dem ersten Etappenziel entgegen. Endlich einmal Zeit, die Vereiterungen an den Beinen, die Ingo und ich uns zugezogen hatten, mit antibiotischer Salbe zu behandeln. Solche tropischen Geschwüre (Ulcus tropicum) werden durch Bakterien verursacht.

Am 21. 11. wollten wir planmäßig auf Ternate ankommen. Nun war bereits der 27. 11. Wie würden die drei Neuankömmlinge diese Verzögerung aufnehmen?

Die Provinzhauptstadt Kota Ternate liegt auf der gleichnamigen Vulkaninsel Ternate, auf dem Äquator. Eine Äquatortaufe haben wir jedoch nicht gemacht, dafür reichten unsere Kraftreserven nicht.

Im letzten Büchsenlicht trafen wir auf dem verabredeten Ankerplatz ein. Das Schwesterschiff war ein paar Stunden vor uns angekommen. Das nenne ich eine Punktlandung. Ähnliches sollten wir noch mehrfach erleben.

Der Wettstreit der Muezzine

Als wir uns der Stadt Kota Ternate näherten, erkannten wir von ferne ein riesiges Gebäude. Es überragte alle anderen um ein Vielfaches. Ich dachte an eine Industrieanlage und war gespannt, was die Indonesier da hingestellt hatten. Vielleicht ein Kraftwerk? Und das am Fuße eines Vulkans?

Um an unseren Ankerplatz zu gelangen, mussten wir ganz nahe an diesem auf einer Landzunge erbauten Komplex vorbeisegeln. Der Gezeitenstrom zwischen den Inseln Ternate und Tidore war günstig und schob uns zu dem Ankerplatz, zu dem uns Hanneke per Funk lotste. Immer näher kam diese riesige Industrieanlage, die so völlig fremd in der nur aus kleineren Gebäuden bestehenden Stadt erschien. Plötzlich erkannte ich den Bau. Es war eine Moschee. Sie hatte vier große, alles überragende Minarette. Eine Moschee mit den Maßen eines Kernkraftwerkes, noch im Bau, noch dunkel und unverputzt und somit umso befremdlicher wirkend.

Als wir in dem Kanal zwischen den Inseln langsam mit dem Strom weitersegelten, muss es fünf Uhr gewesen sein, eine knappe Stunde später würde es dunkel sein. Die Stadt lag an unserer Steuerbordseite und entpuppte sich als größer, als ich vermutet hatte.

Plötzlich erschallte der gellende – durch Lautsprecher verstärkte – Ruf eines Muezzins. Dann setzte mit Verzögerung die Aufforderung zum Gebet von einer weiteren Moschee aus der Stadtmitte ein. Andere folgten. Und nach fünf Minuten hatten über 30 Moscheen über Hunderte von Lautsprechern ihre Botschaft verbreitet. Es war wie ein Wettbewerb. Ein lautes, aggressives »Allah al akbar« setzte ein, kein Mensch konnte sich noch auf der Straße unterhalten. Wie ich später in der Stadt erfuhr, setzte dieser akustische Aufruf die Stadt fünfmal innerhalb von 24 Stunden außer Gefecht.

Ständig wirst du in Kota Ternate an zwei Dinge erinnert: Den Vulkan über dir – bricht der nicht mal aus? Wann ist es das letzte Mal geschehen? Überhaupt, weshalb leben Menschen freiwillig so nahe an einem Vulkan? Und die Nähe zum Äquator – es ist die schwüle Hitze, die fast 100-prozentige Luftfeuchtigkeit, die die Haut leicht glänzend macht. Die Reise hatte bereits viel Energie geschluckt. Jetzt saugte uns diese Tropenstadt zusätzlich aus.

Nur in den ersten drei Morgenstunden hat man die gewohnte Energie. Danach heißt es, die Kräfte einzuteilen. Aber das konnten wir nicht. Die Schiffe mussten neu verproviantiert werden. Und wir mussten in das Land Indonesien einklarieren. Die Behörden von Zoll, Immigration und Quarantäne liegen in völlig verschiedenen Stadtteilen und haben zu unterschiedlichen Zeiten geöffnet. Um den Beamten der Immigration in seiner Behörde am Ende der weitverzweigten Stadt zu erreichen, benötigten wir einen Tag. Leichter war es bei den beiden anderen Behörden. Hier konnten wir den Formularkrieg an »nur« einem Tag erledigen.

Wir hatten aus der ersten Etappe viel gelernt. Die Mischung der Crew auf beiden Booten musste optimiert werden. Ich hatte auf meinem Boot Ingo, den Kameramann, dabei, der bereits auf einer Schilfbootexpedition namens Abora III im Jahr 2007 über den Atlantik Seebeine erhalten hatte. Ingo war erfahren, befand sich aber in einer Zwickmühle: Er nahm

als Kameramann an unserer Expedition teil, nicht als Boots-
mann und Mitglied der Crew. Immer wenn es brenzlig wurde
und ich ihn brauchte, musste er filmen. Bei unserem Regenmarathon und dem ständigen Segelwechseln kam es immer
wieder zu dem Konflikt: filmen oder helfen, Kamera oder
Boot?

Dieses Problem löste sich auf Ternate von selbst, denn Ingo
verließ uns. Er sollte später wieder zu uns stoßen. Ich aber
brauchte einen neuen guten Seemann an meiner Seite und
erhielt Matt vom Schwesterschiff.

Matt und ich kannten uns seit dem Jahr 2004, als ich von der
BBC in England gebeten wurde, das Einverständnis der Häuptlinge der kleinen Insel Anuta für den Dreh einer Dokumentation einzuholen. Matt und ich segelten auf einer gecharterten
Jacht dorthin, hatten also Gelegenheit, uns auf See gut ken-
nenzulernen. Es gibt ja den Satz: »Wenn du einen Menschen
richtig kennenlernen willst, dann musst du mit ihm erben
oder segeln gehen.« Wie wahr!

Matt ist ein praktischer Mann, der auch einstecken kann.
Und er kocht gut, was gleich nach der Bootsbeherrschung die
wichtigste Aufgabe war.

In Kota Ternate warteten geduldig die drei neuen Mitsegler: die Journalistin Eve Sattler, Exlehrerin Gisela Hülsewede
und Unternehmensberater Dr. Christoph Fahr-Becker. Unser
»Küken« Eve, die gerade ihre Dissertation in Germanistik geschrieben hatte, zog auf die *Lapita Anuta*, und Gisela und Christoph kamen auf mein Boot. Christoph Hagmann, der die erste
Etappe auf meinem Katamaran verbracht hatte, wechselte auf
das Boot von Hanneke und James.

Wir legten am 30. 11. 2008 ab, wollten nur aus dem stickigen
lauten Kota Ternate weg. Auf der weiter südlich gelegenen

Insel Tidore lockte uns schon von Weitem ein heller Strand mit einem Palmenhain dahinter.

Mithilfe des gesetzten Besansegels, das wir je nach Richtung, in die wir segeln wollten, back setzten, manövrierten wir uns aus dem engen Ankerplatz heraus, mussten aber sehr aufpassen, nicht von dem starken Strom zwischen den beiden Inseln gegen einen der Pfeiler der Ausfahrt gedrückt zu werden. Also schnell Großsegel setzen, Fahrt aufnehmen, Vorhaltewinkel berücksichtigen und an dem vielen Treibgut, das uns die Stromrichtung anzeigte, raus auf freies Wasser.

Indonesien hatte uns mit seinen dreckigen Gewässern empfangen. Zwischen Ternate und Tidore schwamm, was sonst in Mülltonnen gehört. In anderen Häfen war es nicht anders. Nur in Ternate sahen wir denselben Müll zweimal am Tag. Einmal mit der Flut in eine Richtung treibend und nach sechs Stunden bei Ebbe in die andere Richtung. So wussten wir ständig, wie der für uns so wichtige Gezeitenstrom stand. Der Müll wurde zu unserer Gezeitentafel.

2. Etappe der Lapita-Expedition:
VON TERNATE NACH JAYAPURA

Ein ideales Segelrevier

Ich musste Rücksicht nehmen auf unsere Energiereserven, einschließlich meiner eigenen. Ab Ternate legten wir zwei kleinere Zwischenstopps ein. Die alte Crew durfte nicht zu sehr strapaziert und die neue Crew musste eingewöhnt werden. Hanneke und ich legten die nächsten Ziele und die möglichen Treffpunkte fest, sollte auf einem der Boote etwas schieflaufen. Der Funkkontakt über UKW reichte auf offener See höchstens über fünf Seemeilen.

Wir segelten in diesen ersten Tagen ununterbrochen an Inseln vorbei. An Backbord begleitete uns noch lange die größte Molukken-Insel Halmahera. Diese Region muss für die Lapita-Leute ein ideales Segelrevier im Schutz der Inseln gewesen sein. Rechts und links fruchtbares Land mit Gewässern, die dank der starken Gezeitenströmung sehr fischreich sind. Hier mussten die Vorfahren der Polynesier durchgereist sein. Es bot sich einfach an.

Wir sahen auch in Indonesien die typischen Boote liegen, die wir von den Philippinen kannten. Kleine und große, alle mit einem hölzernen Rumpf und an beiden Seiten die weit ausladenden Ausleger. In Kota Ternate hatte ich mehrere der großen philippinischen *bankas*, die für die Hochseefischerei ausgerüstet waren, entdeckt. Allerdings lagen sie an der Kette der Behörden unter Zollverschluss, hatten sie doch ohne Genehmigung in indonesischen Gewässern gefischt. Diese

Boote sahen archaisch aus, für einen Seemann gleichzeitig aber auch vertrauenswürdig. Mit ähnlichen Booten ist man seit Tausenden von Jahren aufs Meer gefahren.

Heute wissen wir dank der Sprachforscher, dass das Wort *banka* verwandt ist mit den Namen *wanka*, *waka*, *vaka* oder *va'a*. Alles polynesische Begriffe – je nach Dialekt anders – für ein und dasselbe Wort: Auslegerboot.

Die Polynesier benutzen heute noch diese Auslegerboote, allerdings nicht mit zwei, sondern mit einem Ausleger. Kommt man in ein Gebiet wie zum Beispiel das der Santa-Cruz-Inseln, kann man beobachten, dass die Melanesier nur das Einrumpfboot – bestehend aus einem ausgehöhlten Baumstamm – verwenden, während die Polynesier einen zusätzlichen Ausleger benutzen, um mehr Stabilität zu erhalten.

Sicherlich waren Auslegerboote oder *bankas* mit zwei Auslegern die besseren Fahrzeuge, um weite Strecken auf See zu bewältigen.

Wer in dieser Inselwelt mit seinen Booten weiterziehen wollte, musste auf Nummer sicher gehen. Er benötigte die besten seegängigen Boote seiner Zeit, und er musste sich auf das Wetter verlassen können. Die Menschen hatten Zeit, lebten in engem Kontakt mit der Natur und konnten das Wetter »lesen«.

Die Molukken, seit den ersten portugiesischen und holländischen Händlern auch als Gewürzinseln bekannt, bildeten ein hervorragendes Gebiet, um von Insel zu Insel zu segeln, bis man schließlich zu der zweitgrößten Insel der Welt gelangte: Neuguinea.

Bereits in Halmahera begegneten uns Papuas, die Teile Halmaheras und anderer Inseln bevölkern. Malaien und Indonesier besiedelten erst später diese Gebiete.

Mein Blick vom Wasser aufs Land hatte sich so geändert, dass ich jede unserer Ankerbuchten unter dem Blickwinkel betrachtete: Kann man hier siedeln, ist die Bucht geschützt, ist das Land fruchtbar, wie kann man sich gegen Feinde abschotten, was geben Riff und Meer an Schalentieren und Fischen her, und lebten hier Lapita-Leute?

Keine vier Wochen segelte ich auf unserem Katamaran, und schon hatte ich die Betrachtungsweise eines Seenomaden angenommen. Ich fühlte mich wie ein neugieriger Migrant.

Mein Weg zur Geduld

Das indonesische Wort *selat* heißt auf Deutsch »Passage«, »Meeresenge«. Die *Selat Patientie* ist eine Mischung aus Indonesisch, Portugiesisch und Holländisch und bedeutet so viel wie die »Meeresenge der Geduld«. Sie liegt zwischen den Inseln Halmahera und Batjam, ist nur 200 Meter breit und gleicht einer Baustelle auf einer Landstraße. Ein paar Stunden fließt der Meeresstrom in die eine Richtung, ein paar Stunden in die andere. Mit einem Segelboot muss man Geduld aufbringen, man muss warten. Oder man hat Glück und kommt in einem Rutsch durch. Aber das ist nicht so einfach. Es ergab sich, dass Hanneke mit ihrem Boot im nördlichen Teil der Passage ankam, ich im südlichen. Ihr Boot schoss durch das Wasser, angetrieben durch den starken Strom. Wir standen quasi auf der Stelle, kamen nicht voran, schlichen dann endlich weiter und kamen gerade noch so durch, bevor der Strom kippte.

Das Wort *patientie* sollte mich auf der gesamten Reise begleiten. Geduld, Geduld, Geduld. Durch diese Schule musste ich gehen. Es war wie eine Prüfung, die ich ablegen musste. Lerne von der Natur, lerne von der See, lerne von der Zeit, lerne vom Wind, lerne von den Einheimischen. Lerne! Ich begann umzudenken. Hatte ich doch eine Reise nach Terminen, Flughäfen, Ankunft der Mitsegler, nach Versorgungs- und Einklarierungshäfen geplant. All der Papierkram mit Daten, Zahlen, An- und Abflugsangaben wurde zur Makulatur.

Ich merkte, dass ich mich nicht in der mir gewohnten Knopfdruckwelt befand, konnte keinen Motor starten und durch die *Selat Patientie* motoren. Auf der gesamten Reise hatten wir keine Zeit, auf gutes Wetter, günstige Winde, mitlaufenden Strom, bessere Bedingungen zu warten. Ich hatte alles am grünen Tisch geplant, und da mussten wir nun durch, egal, was sich uns in den Weg stellte. Es wurde mir klar, dass diese Reise, für die ich die Verantwortung trug, zu meiner *Selat Patientie* wurde.

Viele meiner Gedanken schrieb ich in einem Blog nieder, einer Mischung aus Tagebuch, Logbuch und spontanen Eindrücken. Was ich zu dieser Zeit nicht wusste, war, dass viel mehr Menschen diesen Blog lasen, als ich jemals vermutet hatte. Noch Monate nach meiner Ankunft berichteten mir wildfremde Menschen in Deutschland, dass sie den Tag mit der Lektüre meines Blogs begonnen hätten.

Vielleicht hatten einige auch Spaß an meinen vielen Schreibfehlern.

Eines Tages erhielt ich allerdings eine E-Mail von meinem Freund Mike mit dem wohlgemeinten Tipp, doch einmal meinen Blog genauer auf Fehler zu kontrollieren. Der Tipp saß, war ich doch zeit meines Lebens ein Mann des Wortes als Texter und Autor gewesen.

Ich antwortete ihm: »Du kannst dir nicht vorstellen, unter welchen Bedingungen ich schreibe. Meine Brille ist zerbrochen, ich benutze einen schlechten Ersatz. Der Monitor ist klein, die Schrift winzig. Die Tastatur auf meinem wasserdichten Panasonic-Explorer-Laptop ist eher etwas für Kinderfinger. Allein der Raum, in dem ich hocke, ist nur 60 mal 60 Zentimeter breit und kaum 75 Zentimeter hoch. Ich krümme mich zusammen wie ein Fakir. Die angezogenen Beine schmerzen nach zehn Minuten. Hitze, Regen, Übermüdung kommen hinzu. Bei Seegang fällt es schwer, die richtige Taste zu finden. Der Schweiß läuft mir über die Stirn in die Augen, Fliegen schwirren um mich herum, am Ankerplatz zusätzlich Moskitos, die sich alle auf dem leuchtenden Monitor versammeln. Abends tippe ich zusätzlich im Licht meiner Stirnlampe ...«

Hatten wir erst einmal die Südspitze von Halmahera umsegelt, konnten wir Kurs anlegen auf die Insel Gebe. Es war ein Tag- und Nachttörn. Schon von Weitem sahen wir, dass etwas mit der Insel nicht stimmte. Ihr Profil sah nicht natürlich geformt aus, sondern wie von menschlicher Hand deformiert. Ich las, dass auf Gebe Nickel abgebaut wird. Als Zielort hatten wir die Anlegestelle der Transportschiffe im Westen der Insel vereinbart, konnten dort aber wegen der Winde nicht anlegen und entschlossen uns, in eine Bucht im Süden zu segeln.

Hier empfing uns das Bilderbuch der Südsee: Eine große Bucht öffnete sich. Goldgelb leuchtete der Strand. Ein kleiner Ort, in dem malerisch ein paar farbige Dächer unter Palmen hervorschauten. Jedem von uns schlug das Herz höher. Wir hatten es geschafft, wir waren in der Südsee angekommen.

Die beiden Anker fielen, und unsere Boote lagen keine 30 Meter voneinander entfernt. Jetzt konnten wir erstmals Ruhe finden, entspannen, baden, tauchen, den Ort besichtigen, Obst kaufen, faulenzen, ausschlafen.

Kaum hatten wir uns auf das Gefühl »Südsee pur« eingestellt, kam ein Boot mit drei Männern. Sie stellten sich als

Dorfpolizisten vor, waren aber in »Räuberzivil«. Wir könnten hier nicht ankern, müssten erst zum Hauptort, dort einklarieren, erst dann könnten wir eine Aufenthaltsgenehmigung bekommen. Sie blickten grimmig und durchsuchten unsere Boote wie Zollbeamte. Ich wollte gerade dazwischengehen und sie von Bord verweisen, als sie in der winzigen Pantry, unserem Proviantraum, eine Flasche Whisky entdeckten. Wir erkannten ihr Verlangen und gossen drei Gläser voll. Das löste die angespannte Atmosphäre.

Plötzlich entdeckte einer der drei meinen aufgrund eines tropischen Geschwürs geschwollenen Fuß. Er fragte nach meinem Namen – alles in einer Mischung aus Indonesisch und Zeichensprache –, legte meinen Fuß auf seinen Schoß und besprach ihn. Er redete auf meinen Fuß ein, als ob es sich um eine Person handelte. Das dauerte ungefähr fünf Minuten. Dabei kam er mit seinem Gesicht meinem angeschwollenen Fuß so nahe, dass seine Nase ihn fast berührte. Seine Worte hatten für uns alle an Bord magischen Charakter, und ich ließ ihn gewähren. Am nächsten Tag war die Schwellung zurückgegangen.

Keiner von uns kam zum Schwimmen in dem türkisfarbenen Wasser, keiner war am goldenen Strand, keiner im Dorf, keiner besorgte frisches Obst, keiner hatte Kontakt zu den Einheimischen. Die »Südsee pur« musste warten. Wir segelten nicht, wie von den Polizisten gefordert, zum Hauptort zurück, um dort einzuklarieren, sondern folgten unserer Losung »Go East!« Richtung Osten.

Freud und Leid

Noch waren wir in der Inselwelt der östlichen Molukken, auf dem Weg zur Dampierstraße, die das Festland Neuguineas von der nördlich gelegenen Insel Waigeo trennt. Die Winde waren schwach und die Meeresströmung stark. Manchmal sahen wir nachts im Mondlicht dieselbe Insel mehrfach in gleicher Peilung. Das hieß, wir waren trotz Segelns nicht vorangekommen.

Die Wettervorhersagen, die wir vom Deutschen Wetterdienst bekamen, stimmten so gut wie nie. Das lag nicht am DWD, sondern an den lokalen Verhältnissen. Die großen Inseln produzieren ihr eigenes Wettersystem. Fallwinde in Lee beherrschen oft die Lage. Wolken bleiben an den Bergen hängen, es regnet, der Wind bleibt weg. Zwischen den Inseln entstehen eigene Windsysteme durch Düseneffekte. Inselketten können komplette Windsysteme abhalten oder ablenken. In unserem Gebiet gab es zu wenige Wettermessstationen, um die lokalen Wetterverhältnisse zu berücksichtigen. Die Vorhersagen des DWD beschränkten sich meist auf die Großwetterlage auf See, weniger auf die in Landnähe.

Mühselig kamen wir voran. Kurz vor der Dämmerung erkannten wir am Eingang der Dampierstraße, dass der Strom gegen uns lief. Treibendes Gut aus den Urwaldflüssen kam uns entgegen. Wir beschlossen, vor der nahen Insel Mansoear zu ankern. Fast schon in der Dunkelheit schaffte es auch unser Schwesterschiff und ankerte keine 200 Meter von uns entfernt, zu erkennen nur an dem schwachen solarbetriebenen Licht.

Inzwischen hatten wir einen Kranken an Bord. Christoph, der auf meinem Boot war, musste eine Kettenreaktion von Ursache und Wirkung erleben, die in den Tropen gefährlich werden kann. Genau kann man es nicht zurückverfolgen, aber es sah danach aus, dass er zu wenig Wasser getrunken hatte und dadurch leicht dehydriert war. Zudem hatte er keine Mütze als Sonnenschutz getragen. Er hatte wohl einen Sonnenstich erlitten. Davon geschwächt, kam eine Harnröhrenentzündung dazu, die sich bakteriell auf die Nieren übertrug. Er lag in seiner Koje, bekam viel Wasser zu trinken und Medizin aus unserer gut bestückten Apotheke. Längst war er von allen Wachen befreit. Er hatte Schmerzen, war schwach.

Schon seit Tagen schwärmte Matt von der Insel Kri. In einem Artikel in der Zeitschrift »National Geographic« hatte er gelesen, dass dort eines der besten Resorts für Taucher existieren soll. Kri war die nächste Insel. Als wir an ihrem südlichen Ufer vorbeisegelten, sahen wir keine menschliche Siedlung. Ich wollte weiter, musste weiter, den Ankunftstermin im noch weit entfernten Jayapura einhalten, der Hauptstadt des indonesischen Teils von Neuguinea (Irian Jaya oder West-Papua genannt; der östliche Teil Neuguineas gehört mit vorgelagerten Inseln und Inselgruppen zu Papua-Neuguinea). Aber Christoph, unser kranker Mitsegler, und die verlockenden Erzählungen von Matt veranlassten mich zu einer Kursänderung.

Das *Sorido Bay Resort* musste auf der anderen Seite der Insel liegen. Da der Wind ausblieb, brachten wir unser Schlauchboot zu Wasser, befestigten den Fünf-PS-Außenborder daran, warfen zwei Schleppleinen aus, belegten diese an den beiden vorderen Klampen des Katamarans und zogen unser Boot durchs Wasser. Plötzlich lag eine moderne Welt vor uns: Zuerst erkannten wir Bojen, danach zwei Motorboote, dann einen Steg, weit ins türkisfarbene Wasser hineinragend, und dahinter Bungalows im traditionellen Stil mit Dächern aus Palmwedeln. Alles sah aus wie aus einem Edelprospekt. Wir machten an einer freien Boje fest. Wenig später lag auch unser Schwesterschiff an einer der Bojen im »Garten Eden«.

Danke, Matt, für diesen Tipp! Der Aufenthalt erwies sich als Balsam für unser aller Seelen. Wir konnten erstmals wieder in einer Open-Air-Bar im Schatten sitzen, über uns der sich langsam drehende Ventilator, vor uns kühles Bier. Der Blick zeigte eine wunderschöne Lagune, in der unsere beiden Katamarane gut geschützt in leuchtend blaugrünem Wasser dümpelten. Der Anblick dieser Fahrzeuge machte natürlich den Inhaber Max Ammer und seine Mitarbeiter neugierig. Wo kommt ihr her? Wo segelt ihr hin?

Max hatte wohl schon viel in seinem bunten Leben gesehen, aber so etwas wie unsere beiden archaischen Boote kannte er nicht. Er, ein Freund der Meere, war natürlich besonders interessiert, und so lud er uns alle zum Essen ein. Welch unverhoffter Luxus! Wir definierten dieses Wort neu. Mussten wir doch stets unser Essen über einem Petroleumkocher wärmen, der nur drei Stellungen kannte: geht schlecht, geht aus, geht nicht.

Kam Regen auf, musste das Sonnensegel gesetzt werden, das besser Regensegel heißen sollte. Kam Wind von achtern auf, mussten wir die Küchenbox umdrehen, neu vertauen. Kam zu viel Wind, bekamen wir die Flamme nicht an, fiel das Essen aus.

Hinzu kam, dass wir wegen unserer drei Engländer täglich an einem britischen Brauch teilnahmen. In den ersten Wochen gab es morgens stets Porridge zum Frühstück. Porridge besteht bekanntermaßen aus Haferflocken und Milch plus individuellen Zutaten wie Zucker, Zimt, Rosinen oder Obst. Aber wie auch immer verlängert, er schmeckte uns Deutschen einfach nicht, zumal wir mangels frischer Milch ersatzweise Milchpulver mit Wasser anrührten. Irgendwann, ich glaube, es war in Jayapura, unserem nächsten Etappenziel, beschlossen wir zu streiken. Wir hatten von Porridge einfach die Nase voll. Von da an gab es Müsli mit Obst.

Die zweite englische Sitte, die Einzug an Bord gehalten hatte, war die gute alte »Teatime«. Fast alle zwei Stunden hieß es: »Let's have a good cup of tea.« Bei allem Respekt vor fremden Bräuchen, für den lauwarmen Tee aus dem Beutel, angerührt mit Milchpulver – mit oder ohne Zucker –, konnte ich mich nicht begeistern. Dann lieber Nescafé!

Der kleine Rückblick mag genügen, um zu erklären, wie sehr wir den Luxus genossen, von Max eingeladen zu werden, an einem gedeckten Tisch zu sitzen, und – Wunder über Wunder – das Essen kam warm an, die Getränke waren kalt, keiner brauchte einen Handschlag zu tun.

Und noch etwas zum Thema Luxus: Wir saßen weich. Denn seit Wochen hatten wir den harten Boden des Decks unter uns. Das hatte bei den meisten rote Stellen am Gesäß verursacht. Einige hatten »Hintern wie Paviane«. Sie waren entzündet und mussten mit antibiotischer Salbe behandelt werden.

Nur 24 Stunden erlaubten wir uns den »Wellness-Aufenthalt« im Sorido Bay Resort auf der Insel Kri. Die beiden Christophs verließen uns vorzeitig. Der eine war knapp sechs Wochen dabei gewesen, es reichte ihm. Der andere musste unbedingt in ärztliche Behandlung.

Der Rest von uns segelte weiter: gegen die Zeit, gegen Winde, gegen die Strömung, gegen treibende Äste und Bäume und gegen den Wettergott. Gleich am ersten Tag unserer Reise hatte ich Neptun aus einer Rumflasche geopfert, doch er hatte uns nicht erhört!

Das falsche Versprechen

Ich hatte während meiner Weltumsegelung viereinhalb Jahre auf meinem Boot gelebt. Aus meiner Erfahrung hatte ich meinen Mitseglern versprochen, dass wir besonders gesund leben würden. Es würde viel Obst geben und stets Fisch sowie ab und zu Langusten. So wie ich das in all den Jahren erlebt hatte. Ich hatte ihnen sogar den frischesten Fisch ihres Lebens versprochen!

Auf jedem der beiden Katamarane gab es eine Schleppangel mit Blei, Haken und Ködern. Vom ersten Tag an hingen diese Schleppleinen hinter den Booten. Wir konnten die Wobbler, farbige Köder, hinter uns auf der Meeresoberfläche tanzen sehen. Aber es wollte kein Fisch anbeißen. Wir wechselten die Farben der Wobbler, variierten die Länge der Angelleinen, suchten Rat bei den lokalen Fischern, welche Art Köder der richtige für diese Gewässer sei. Wir versuchten es auch mit zwei Leinen am Ende der beiden Rümpfe, was bei Katamaranen gut funktioniert, da sich die Leinen nicht wie bei Einrumpfbooten verheddern. Kurzum: Wir probierten alles Erdenkliche – ohne Erfolg. Sicherlich entdeckten wir einige Bisse an unseren Haken, es gab auch durchbissene Angelleinen mit verschwundenen Haken. Aber: kein Fisch!

Ich nehme es vorweg: In 150 Tagen haben wir keinen einzigen Fisch gefangen. Ich konnte mein Versprechen nicht erfüllen. Der einzige Fisch, den es bei uns an Bord gab, kam aus der Dose. Die Fische wollten nicht, wir waren zu langsam oder zu schnell. Vermutungen gab es genug. Nachträglich glaube ich, dass wir dem polynesischen Gott Maui, der alle Inseln der Welt an einem Angelhaken hält, vernachlässigt hatten, da wir ihm nicht geopfert hatten. Neptun konnte uns hier nicht mehr helfen, wir waren schließlich außerhalb seines Revieres.

Unser nächstes Etappenziel war die Neuguinea vorgelagerte Insel Biak. Dort gab es einen Flughafen, wo der nächste Crewwechsel stattfinden sollte. Bis dahin waren es von Kri noch 240 Seemeilen, was man bei günstigen Winden in zwei bis drei Tagen schaffen konnte. Aber wann hatten wir schon mal länger als ein paar Stunden günstige Winde? Wir waren zu dritt an Bord: Matt, Gisela und ich.

Die Dampierstraße ist eine circa 80 Seemeilen lange Meeresenge. Wie bei vielen Meeresengen werden hier Winde durch beiderseitige Bergformationen eingeengt, sie verstärken sich und machen dann besonders kleineren Booten viel zu schaffen. Uns hatten diese Starkwinde richtig gebeutelt.

Außerdem bekamen wir die Ausläufer eines im Osten tobenden pazifischen Wirbelsturms am Ausgang der Dampierstraße zu spüren. Hohe Wellen, aber keinen Wind in den Segeln – das Boot setzte sich quer zu den Wellen, denn wir konnten es nicht steuern. Für viele Stunden wurden wir hin und her geworfen. Von überall prallten Wellen an den Rumpf, von Steuerbord, von Backbord, von achtern, von vorne. Urplötzlich schossen Wellen, die vorher den Rumpf getroffen hatten, nach oben, spritzten durch die Spalten der Deckbretter und duschten uns von unten. Es waren ideale Bedingungen, um seekrank zu werden. Auf dem Schwesterschiff *Lapita Anuta* fiel Eve deswegen aus, auch James konnte keine Wache gehen, da er nachts schlecht sieht, sodass Hanneke und Rüdiger Doppelwachen gehen mussten.

Gisela musste unbedingt an Land, um ihren Rückflug zu erreichen, und auf Biak warteten neue Mitsegler auf unsere Ankunft. Wir jedoch schaukelten auf dem Meer, hatten keinen

Wind, aber hohe Wellen. Ich musste an den Satz meiner Groß-
mutter denken, den sie jedes Mal von sich gab, wenn im Haus-
halt etwas schieflief: »Und jetzt auf See. In jeder Hand 'nen
Koffer. Und dann kein Schiff!«

Auf der Fahrt nach Biak erlebten wir alle Wettersituationen,
die man nicht erleben will: Sturm, hohen Seegang ohne Wind,
Flaute, Gegenwind. Das hieß für beide Crews: Segel runter,
Segel hoch, Segel runter, Segel hoch ... bis zu zehnmal die
Nacht. Jedes Segelmanöver war umständlich im Vergleich zu
herkömmlichen Jachten, es war kräfteraubend, brauchte Zeit,
und es war nicht ganz ungefährlich auf dem schwankenden
und immer noch glatten Deck.

Es passierte in einer Vollmondnacht, als Matt und ich wieder einmal das Segel wechselten. Beide waren wir vorne am
Mast beschäftigt, Gisela saß am Ruder. Sie fuhr eine Halse, die
Spiere des Großsegels traf mich in den Rücken. Ich stand
vorne und fiel sofort von der Plattform ins Wasser. Einen Hal-
tegriff gab es nicht. Auch hatte niemand eine Sicherheitsleine
angelegt.

Mein einziger Gedanke war: auftauchen, ganz schnell auftauchen! Denn vom Achterschiff hing die große Badeleiter
schräg herunter. Die musste ich erreichen. Hoffentlich komme
ich an die letzte Sprosse heran, schoss es mir durch den Kopf.
Ich tauchte zwischen den Rümpfen unter der Plattform auf
und riss sofort meinen rechten Arm nach oben. Kaum ragte er
aus dem Wasser, konnte ich auch die Badeleiter im Mondlicht
erkennen und ergriff die letzte Sprosse. Ich hatte Halt.

Matt war sofort an Deck aktiv geworden, löste die Haltelei-
nen der Badeleiter von den Klampen und ließ sie vollends hinunter, sodass ich nass wie ein Pudel hinaufklettern konnte.
Dies war eine Situation auf Leben und Tod gewesen. Doch

mein erster Gedanke drehte sich um die sch... Stirnlampe, die ich verloren hatte. Matt und ich umarmten uns. Ich glaube, Gisela stand mehr unter Schock als ich.

Gisela ist so etwas wie ein Spökenkieker. So bezeichnet man in Norddeutschland Menschen, die an parapsychologische Zusammenhänge glauben. Sie hatte lange vor der Reise von einigen von uns ein Horoskop erstellt und sich erst aufgrund ihrer Auslegungen dem Schiff und der Schiffsführung anvertraut. Gisela hatte ein bisschen Segelerfahrung, doch viel wichtiger als die Handhabung des Bootes war für sie die positive Grundeinstellung gegenüber dieser Reise. Und das zahlte sich für sie aus, denn alle hatten wir unterwegs mehr oder weniger schwere Entzündungen, Verletzungen, Misslichkeiten oder gar Krankheiten. Nur Gisela hatte nichts. Sie war immer ausgeglichen. Meine nicht immer feinen Kommentare zu den schwierigen Wettersituationen überhörte sie mit einem allwissenden gütigen Lächeln.

Ein Cocktail ist die beste Medizin

Die Wetterlage setzte uns allen zu. Nicht umsonst hat das Wort »Flaute« auch Eingang in den ganz alltäglichen Wortschatz zu Land gefunden. Herrschte früher auf See Flaute, kamen die Schiffe mit ihrer verderblichen Ladung nicht rechtzeitig an, dies konnte bei den Händlern zur geschäftlichen Flaute führen. Flaute herrschte dann auch in den Kassen.

Matt verletzte sich an der Badeleiter und schrie sich seinen ganzen Frust von der Seele. Wie musste es in ihm kochen, wenn dieser besonnene Mann aus der Haut fuhr? Ich war ebenfalls restlos von der Wettersituation bedient, die sich von

Anfang an gegen uns gestellt hatte. Matt und ich brauchten uns nur anzuschauen, und wir wussten, was der andere dachte. Dieser kurze Blick, ein stillschweigendes Einverständnis, tat gut und beruhigte uns für ein paar Minuten.

Schon seit Tagen warteten unsere nächsten drei Mitsegler in Biak auf uns: Exlehrer Peter Otte, Architekt Rüdiger Weinauge und mein Sohn Philipp Hympendahl, Fotograf. Sie hatten dort Zeit, sich an das feucht-heiße Tropenklima zu gewöhnen, konnten erkunden, wo wir Ersatzteile kaufen, uns verproviantieren, Wäsche waschen konnten, wo sich die Behörden befanden, wo der Hafenmeister sein Büro hatte.

Mein Sohn Philipp wollte ursprünglich erst auf der vierten Etappe von Jayapura nach Rabaul dabei sein, hatte aber die frühere Anreise vorgezogen. Ich hatte ein paarmal mit meiner Familie über das Satellitentelefon gesprochen. Dabei muss meine Stimme wohl etwas schwach geklungen haben. Hinzu kam der Blog, der von unseren Schwierigkeiten mit dem Wetter berichtete. In der Tat hatte ich ein paar Tage zuvor das Gefühl gehabt, kurz vor einem Schwächeanfall zu stehen. Ich fühlte mich leicht schwindelig, hatte keine innere Stärke, und mir wurden ganz normale Handgriffe zu viel. Schaute ich an meinem Körper herunter, konnte ich feststellen, dass aus einem schmalen Mann ein dünner Mann geworden war. Philipp war wohl über meine Stimme erschrocken und hatte beschlossen, früher als geplant zu uns zu stoßen, um mir beizustehen. Doch bei dieser Wetterlage waren unsere Chancen, Biak zu erreichen, gleich null. Keiner der nachfolgenden Termine war einzuhalten.

Inzwischen hatte sich die raue See gelegt, und ein Hauch von Brise schob uns fast unmerklich weiter. So ging das mehrere Tage und Nächte lang. Fast hätte ich nach all den Schwierigkeiten vergessen, wie schön die Nächte waren: lau, mit einem fast dreidimensionalen Sternenhimmel. Schöner konnte es nicht sein!

Ein Ritual gab es außerdem an Bord, auf das sich immer alle freuten: Für die blaue Stunde, die kurze Zeit vor der schnell einfallenden Dämmerung, hatte ich mir einen Sundowner ausgedacht, den wohl alle an Bord liebten: einen »T-Punch« (Abkürzung von *petit punch*), bestehend aus braunem Zucker, Limettensaft und einem guten Schuss braunen Rum. Entdeckt hatte ich diese Spezialität auf Martinique, wo sie mit 56-prozentigem Rum zubereitet wird. Wir hatten an Bord nur 42-prozentigen, aber der tat es auch. Dieser Sundowner brachte uns für kurze Zeit zusammen, ließ alle Pein vergessen und sorgte für ein wenig Optimismus.

Flauten sind immer eine hervorragende Gelegenheit, sich ausgiebig um die eigene Hygiene und die des Schiffes zu kümmern. Zum Waschen und Erfrischen ließen wir die Badeleiter herunter, seiften uns mit flüssiger Salzwasserseife ein, und ab ging es ins Meer. Danach war bei den Männern meist Zeit, sich zu rasieren. Da wir alle Respekt vor den UV-Strahlen hatten, kam morgens nach dem Zähneputzen und der Katzenwäsche (mit Süßwasser) gleich Sonnencreme mit hohem Schutzfaktor auf die Haut. Jeder trug zum weiteren Schutz ein Käppi. Keiner legte sich in die pralle Sonne – braun wurden wir auch unter dem Sonnensegel.

Um das Schiff sauber zu halten, gab es keinen Plan. Nach jedem Essen machten wir den Abwasch, wobei die befreit davon waren, die gekocht hatten. Der organische Müll, wie Bananen- oder Orangenschalen, kam ins Meer – der unorganische Müll in Plastiktüten, die wir bis zum nächsten Ankerplatz in unseren Bambuskörben aufbewahrten.

Matt und ich hatten beschlossen, in unseren Flautenstillstand Bewegung zu bringen. Wir pumpten das Dingi auf, befestigten den Außenborder daran und schleppten den Katamaran in Richtung erster erreichbarer Siedlung auf Biak. Abwechselnd saßen Matt und ich in der sengenden Sonne und steuerten das Dingi in Richtung Land. Über unser Satellitentelefon baten wir die drei Wartenden, zu dem Ort Korido zu kommen.

Philipp, Rüdiger und Peter kamen als Erste dort an, dann schlichen wir ein, und am nächsten Tag folgte das Schwesterschiff. Auf der mehrtägigen Reise nach Korido hatten wir Etmale von 68 Seemeilen, 73 Seemeilen, 72 Seemeilen, 53 Seemeilen und am letzten Tag von ganzen 16 Seemeilen gemacht.

In jedem Land der Welt meldet man sich von See kommend in einem sogenannten Port of Entry an, um in das Land einzuklarieren. In Indonesien hingegen muss man sich zusätzlich in jedem Dorf bei der örtlichen Polizei anmelden. Allein um in indonesischen Gewässern segeln zu können, muss man drei Monate vorher eine Genehmigung beantragen, die nur über Agenten in Jakarta organisiert und nur vom Ausland aus beantragt werden kann. Indonesien schien mir wie ein Militärstaat organisiert zu sein. Umso erfreulicher war der Empfang bei der örtlichen Polizei von Korido.

In Korido hatte man bisher weder Touristen gesehen, noch hatte sich jemals eine Jacht hier gezeigt. Und dann kamen gleich zwei an! Es war offensichtlich ein größeres Ereignis, und der örtliche Polizist lud uns alle spontan zu einem Abendessen ein. Er wohnte mit Frau und Kind in einer Art Reihenhausanlage für Beamte. Die gemeinsame Terrasse war ein überdachter Betonboden, wie auch die winzige Zweizimmerwohnung eher an zwei Betonzellen erinnerte. In einem Raum gab es einen einflammigen Petroleumkocher. Das war die Küche. In dem anderen Raum war das Bettlager zur Seite gerollt, ein Bettgestell oder Ähnliches gab es nicht. Hier hing auch fein säuberlich die einzige Uniform des Polizisten. Ansonsten waren nur noch ein Plakat des brasilianischen Fußballspielers Kaka an der Wand befestigt sowie ein paar Kleidungsstücke. Wir aßen das bescheidene Mahl auf von Nachbarn geliehenen Stühlen sitzend, während es draußen in Strömen regnete.

Korido ist kein Ort, um dort Urlaub zu machen. Es gab einen winzigen Markt am Meer, eine nachts in Neonlicht getauchte Kirche, eine Karaoke-Bar und einen Laden, in dem man Donuts kaufen konnte. Das war's.

Da das Wetter stets gegen uns war, waren wir immer in Zeitverzug, fühlten uns wie Getriebene, mussten weiter, weiter, weiter. Oder war es uns schicksalhaft auferlegt, den dornigen Weg der *Selat Patientie* zu gehen?

Mit Pinzette auf Jagd

Die Reise von Korido zur Hauptstadt Kota Biak war wohl eine der angenehmsten, an die ich mich erinnern kann. Der Wind stand für einige Zeit günstig, die neue Crew tat uns gut, die alte Besatzung hatte sich zwei Tage lang in Korido etwas erholt. Mein Sohn Philipp konnte sich überzeugen, dass sein Vater wieder in guter Verfassung war, wenn er auch sichtbar abgenommen hatte.

Mit dem letzten Tageslicht kamen wir an unserem vereinbarten Ankerplatz an. Wie so oft erreichte das Schwesterschiff diesen erst in der aufkommenden Dunkelheit. Uns juckte es, wieder einmal ein kühles Bier zu trinken. Matt, Rüdiger, Philipp und ich gingen an Land. Wir marschierten bei Mondschein über die Insel, mussten ein paar Zäune überklettern, um zu einem von See aus sichtbaren Hotel zu gelangen. Es war offensichtlich mehr eine Luxusherberge für Offiziere und ihre Familien. Wir aßen und tranken uns Hunger und Durst vom Leib. Im Restaurant herrschte eine auf westlichen Kitsch getrimmte eiskalte Atmosphäre. Ich fühlte mich von *Big Brother* beobachtet und kam mir vor wie in einer indonesischen »Truman Show«.

Wie recht ich hatte, erfuhr ich nach unserer Rückkehr auf unser Boot. Neben dem Schwesterschiff lag ein Motorboot mit Blaulicht. Hohes Militär war zu Besuch. Was war geschehen? Wir waren nichts ahnend vor einem der größten Militärcamps Indonesiens gelandet, hatten einen Teil des Camps im Licht unserer Taschenlampen durchwandert, sichere Abgrenzungen überklettert, waren an wichtigen Sendemasten vorbeigekommen, hatten offensichtlich Bewegungssensoren unbemerkt passiert, waren in das Heiligtum der indonesischen Armee »eingedrungen« – nur um ein paar Biere zu trinken.

Am nächsten Morgen kam der Kommandant mit seinem Presseoffizier zu uns an Bord. Sie hörten sich die Beschreibung unserer Expedition an, wunderten sich über so viel Verrücktheit und boten uns ihre Hilfe an. Wir konnten die WCs an Land benutzen, dort duschen und unseren Abfall abgeben. Eine Wache wurde für uns abgestellt, und ein Militärfahrzeug fuhr uns in die Hauptstadt Kota Biak. So sicher wurden wir auf der gesamten Reise nicht bewacht. Ich erfuhr, dass dieses Militärcamp im Zweiten Weltkrieg das *Recreation Camp* der US-Army im Krieg gegen die Japaner gewesen und dass es nach dem berühmten General MacArthur benannt worden war.

In der Stadt fühlte ich mich von der Hitze und der fast hundertprozentigen Luftfeuchtigkeit leicht schwindelig. Nein, Energien konnte ich hier nicht freisetzen. Ich stellte mein System auf Schongang ein. Es gab viel zu tun, die Liste der Einkäufe und Ersatzteile war lang, und die Behördengänge standen noch aus.

Ob die Beamten von der Immigration gemerkt hatten, dass Hanneke und ich von den zurückliegenden Strapazen leicht angeschlagen waren, oder ob es einfach zum Spiel gehörte, kann ich auch im Nachhinein nicht sagen. Jedenfalls hielt uns ein dickleibiger, schwitzender Beamter so lange hin, bis er das bekam, was er wollte: Geld. Es war die Bestechung eines überflüssigen Beamten, um ein paar überflüssige Stempel auf überflüssigen Dokumenten zu erhalten. Ich ballte die Faust in der Tasche und dachte, nur raus aus diesem Gebäude, nur raus aus diesem Ort, weg von dieser Insel, weg aus diesem Land.

Matt hatte seit dem frühen Ausscheiden von Greger die Aufgaben des Molekularbiologen übernommen. An fast jedem Ankerplatz ging er an Land und nahm Haar-, Borsten- oder Federproben von Hunden, Schweinen oder Hühnern. Diese entnahm er den Tieren mit einer Pinzette und legte die Probe in eine dafür vorgesehene transparente Plastiktüte. Darauf schrieb er den Namen der Spezies, den genauen Ort mit GPS-Koordinaten – er trug immer ein Hand-GPS bei seinen Landexkursionen mit sich – sowie Angaben über das Geschlecht. Diese Tüten und deren Proben sollten später in einem der Universität angeschlossenen Labor einer DNA-Analyse unterzogen werden.

Matt bereiteten dabei zwei Dinge Schwierigkeiten: die frei herumlaufenden Tiere zu fangen und das Geschlecht exakt zu bestimmen. Schnell hatte er herausgefunden, dass es mithilfe der Einheimischen viel leichter ging. Allerdings wäre es viel zu komplex gewesen, ihnen den wahren Grund der Aktion zu erklären, sodass er eine einfachere Begründung wählte, und die hieß schlichtweg, er würde diese Proben sammeln.

Bei Hunden kam Matt gut an, ihre Proben erhielt er, indem er sie mit Essensresten lockte. Hunde sind aufgrund der schlechten Behandlung durch die Einheimischen in diesen Gebieten unterwürfig und kommen geduckt, mit dem Schwanz wedelnd auf einen zu. Bei Schweinen und Hühnern hatte er größere Probleme. Er war wohl nicht flink genug. Irgendwann kam er auf die Idee, ein paar Jungen vor Ort ein kleines Taschengeld zu geben, damit diese die Tiere für ihn fangen würden. Hoch motivierte Burschen waren stets Matts beste Helfer. Hinzu kam, dass es bei den verschiedenen Hühnerarten nicht leicht war, Hahn und Henne zu unterscheiden. Kein Problem für die ihn begleitende Jugend! Bei dem Versuch, ihnen zu erklären, dass er wissen müsse, was Huhn und was Henne sei, kam es oft zu skurrilen Situationen, die in hellem Gelächter endeten.

Weshalb nun die DNA-Analysen? Dr. Greger Larson und der später hinzukommende Prof. Keith Dobney, damals ebenfalls Lehrstuhlinhaber an der *Durham University* in England, wollten auf unserer Reise Informationen über die die Polynesier begleitenden Haustiere gewinnen.

Wo immer Polynesier gesiedelt hatten, hatten sie Hunde, Schweine und Hühner als Haustiere dabei. Unfreiwillig war ihnen auch meist eine vierte Art gefolgt: die Ratte. Durch DNA-Analysen können Wissenschaftler zum Beispiel feststellen, ob die Haustiere auf entfernt gelegenen polynesisch besiedelten Inseln genetisch mit denen übereinstimmen, die auch in dem vermuteten Ursprungsland, dem heutigen Taiwan, gelebt haben. Molekularbiologen wie Larson und Dobney haben Stammbäume von Tier- und Pflanzenarten erstellt, die sich über die ganze Erde erstrecken. Sie und ihre Kollegen können definieren, wo das Urschwein beheimatet war, wo Hühner und Hunde zuerst domestiziert wurden. Oder wo in der Welt die erste Weizensorte kultiviert worden ist.

Ich bewunderte Matt, der, kaum dass wir irgendwo geankert hatten, seinen Rucksack schnürte, an Land ging und sofort mit der Suche nach Haustieren begann, um seine Proben zu nehmen. An ihm ist sicherlich ein praktischer Feldforscher verloren gegangen.

Den Haustieren der Polynesier auf der Spur

PROF. KEITH DOBNEY, MOLEKULARBIOLOGE

Während der letzten drei Jahre führten mein Freund und Kollege Dr. Greger Larson und ich an der Durham University neue Forschungsprojekte über die Besiedlung des Pazifiks durch. Dabei verbanden wir Archäologie mit Genetik; wir betrachteten die Merkmale von Fossilien und modernen Haustieren – insbesondere von Schweinen, Hühnern und Hunden. So verglichen wir die ursprünglichen Tiere des Festlands mit denjenigen, die die ersten Siedler (der Lapita-Kultur) im westlichen Teil Ozeaniens dabeihatten.

Greger und ich veröffentlichten erst kürzlich Ergebnisse, die eine weitere Route (am Beispiel von Schweinen) aufzeigten und besagten, dass die frühen Austronesier nicht aus dem heutigen Taiwan kamen, sondern aus Vietnam und von dort aus über die Malaiische Halbinsel, die südliche indonesische Inselkette und Neuguinea bis in den westlichen Pazifik vordrangen. Unsere DNA-Analysen von alten und neuen Proben von Schweinen scheinen der Taiwan-These zu widersprechen.

Ich erfuhr, dass die Lapita-Expedition entlegene Inseln in Südostasien, Wallacea und dem nahen Ozeanien besuchen wollte, zu denen wir sonst kaum gelangen würden. Da unsere Forschung über Schweine, Hühner und Hunde auf bestimmten geografischen Punkten beruht, können die genetischen Kennzeichen der Proben von Haaren, Borsten oder Federn wie Hinweise bei einer Schatzsuche benutzt werden. Ähnliche genetische Erkennungsmerkmale an verschiedenen Plätzen und Inseln zeigen die zerstreute Geschichte dieser speziellen Linie von Haustieren. Um Material aus solch entlegenen Gebieten für unsere Forschung zu finden, mussten wir uns früher an Museen wenden, um beispielsweise Häute und Skelette zu untersuchen, die im 19. und 20. Jahrhundert gesammelt wurden.

Viele Wissenschaftler sehen Inseln wie Laboratorien der Evolution. Je entlegener sie liegen, desto besser. Dies war vielleicht erstmals von dem berühmten Charles Darwin erkannt worden und zeitgleich von dem weniger bekannten, aber genauso einflussreichen Alfred Russel Wallace, der umfassend auf den südostasiatischen Inseln geforscht hatte. Die Ankunft von Menschen mit ihren Haustieren, Pflanzen und deren parasitischen Schädlingen bedeutete eine Katastrophe für empfindliche Ökosysteme und endemische Tierarten. Aber für Archäologen, interessiert an der biologischen Geschichte, bildet dies eine Quelle wertvoller Informationen aus der Vergangenheit. Große Veränderungen und Verdrängung genetischer Linien resultieren aus globalem Handel mit Pflanzen und Tieren, der im 18. und 19. Jahrhundert begann und bis heute anhält. Auf entlegenen Inseln jedoch erwarten wir eine sehr begrenzte Vermischung und somit ausgeprägtere genetische Hinweise.

Wir haben kürzlich mit dem langen Prozess der DNA-Analysen der verschiedenen Haar-, Borsten- und Federproben der Lapita-Expedition begonnen. Die ersten Resultate werden wir in den nächsten Monaten erhalten. Die Erfolgsrate verspricht mit über 80 Prozent verwertbarem Material hoch zu sein. Wir hoffen, Erkenntnisse zu gewinnen, die helfen werden, neue Modelle der Besiedlungsgeschichte zu entwickeln.

Die große Vielfalt von Proben, die während der Lapita-Expedition von Hausschweinen, Hunden und Hühnern genommen wurden, überzeugt mich, dass einzigartige Reste genetischer Linien von Haustieren in dieser Region erhalten geblieben sind. Sehr kleine Schweine mit langen, spitz zulaufenden Köpfen und rötlichem, gefecktem Fell, grazile Hühner, die keine Kämme haben, wild lebende, langgliedrige Hunde zeigen deutlich Varianten von Haustieren, die nur in wenigen anderen Gegenden der Welt leben. Diese Proben repräsentieren eine der wichtigsten Datensammlungen aus diesem entlegenen Teil der Welt. Sie ergeben ein Mosaik genetischer Vielfalt, die sehr wahrscheinlich vor 3000 Jahren mit den ersten Austronesiern begann. Diese genetische Vielfalt ist wegen der expandierenden Globalisierung vielleicht bald nicht mehr nachvollziehbar. Es besteht die Gefahr, sie zu verlieren.

Inzwischen segelten wir von der Insel Biak zu der großen Insel Neuguinea. Unser Ziel war die Hauptstadt Jayapura. Es war der 20. 12. 2008, und wir wollten dort Bettina Leyer-Pritzkow und Dr. Jean-Pierre Lacoste treffen, die die dritte Etappe mit uns bewältigen würden, um gemeinsam Weihnachten zu feiern.

Auf den 270 Seemeilen von Biak nach Jayapura glitten wir erstmals bei günstigen Winden dahin. Der leichte Regen wurde mehr als Erfrischung wahrgenommen. Anscheinend hatte uns die neue Crew das Wetterglück gebracht. Aber ein Gebeutelter wie ich traute dem Glück nicht ganz ...

Jesus loves Papua

Wir versanken fast im Dreck. Um uns herum schwamm die Müllkippe von Jayapura, der Hauptstadt der Provinz Irian Jaya. Wir ankerten keine 100 Meter vom Ufer entfernt. Um an Land zu gelangen, ruderten wir mit dem Dingi zum Landungssteg des Polizeihauptquartiers. Dabei mussten wir uns die Nase zuhalten, so sehr stank es hier. An diesem Steg ging ein Mann mit Taucherbrille ins Meer, suchte stundenlang nach Muscheln im flachen Wasser. Um ihn herum Plastik, Kot, Kondome, Dreck.

Neben uns ankerte ein Fischerboot. Die Mannschaft kannte nur eines: Kartenspielen. Tag und Nacht. Sie kümmerte der Abfall nicht. Auch die Menschen am Ufer, die über dem Dreck in ihren auf Stelzen gebauten Häusern wohnten, störten der Unrat und der Gestank nicht. Sie kannten es nicht anders. Man schmiss seinen Abfall auf die Straße, besser noch ins Meer. So wie ihre Vorfahren vor dem Zeitalter von Dosen, Plastik und

Flaschen das gemacht hatten, als der Abfall noch aus biologisch Abbaubarem bestand. Bei Matt hieß der Ankerplatz in Jayapura nur noch *shithole*.

Wir trafen Bettina und Jean-Pierre in ihrem Hotel. Jeder von uns durfte erst einmal in ihren Räumlichkeiten duschen. Es war Weihnachten, und wir beschlossen, den Tag im Hotel zu feiern. Jeder besorgte sich in der Stadt ein kleines Geschenk, und der Name des Beschenkten wurde bei unserer Feier ausgelost. Die Überraschung war groß, als zweimal das T-Shirt auftauchte »*Jesus loves Papua*«. Es sah wirklich sehr poppig aus und war der Hit des Abends.

Aber Jesus liebt Papua nicht! Die einheimischen Papuas werden durch eine aggressive Umsiedelungspolitik der indonesischen Regierung ins Hinterland verdrängt. Immer mehr Indonesier aus allen Teilen des Landes werden nach Papua übersiedelt, um möglichst schnell den indonesischen Bevölkerungsanteil zu erhöhen. Es gibt eine hohe Militärpräsenz, weil immer wieder Aufstände der noch am Rande der Steinzeit lebenden Papuas aufflammen. Diese haben mit Pfeil und Bogen kaum Chancen gegen die starke Militärbesatzung. Auch im Ausland erhalten sie kein Gehör, ihre Sache interessiert niemanden, auch nicht die Völkergemeinschaft der UN. Eine Tragödie spielt sich hier ab.

Werde einer klug aus Indonesien, diesem Land der Widersprüche. Bei unserer Ankunft in Ternate erlebten wir den »*instant Islam*« mit Muezzinen, die so laut zum Gebet aufriefen wie bei einem Hupkonzert. Hier in Jayapura feierten sie Weihnachten, sozusagen »*instant Christmas*«, gleich mehrere Tage lang.

Kaum hatte ich von dieser Feiertagslage erfahren, riss ich Bettina und Jean-Pierre die Pässe aus der Hand und hastete zum Immigrationsgebäude. Zu spät, es war bereits geschlossen. »Schei…«, entwich es mir. Mir war in diesem Moment klar, dass wir weitere kostbare Tage in dieser Kloake vertrödeln mussten. In Anbetracht unseres Zeitrückstandes trieb es mir den Adrenalinspiegel bis in die Haarspitzen. Während ich innerlich kochte, sah ich einen Mann vor den Gittern des Gebäudes an seinem Moped hantieren. Ich fragte ihn auf Englisch, wann denn die Immigrationsbehörde wieder aufmachen würde. »In fünf Tagen«, war seine Antwort. Es stellte sich heraus, dass er als Beamter in dieser Behörde tätig war. Ich schilderte ihm unsere Situation und ließ durchblicken, dass ich gewillt war, einen Aufschlag für das Abstempeln unserer Ausreisedokumente zu bezahlen. Er zog einen Schlüsselbund aus seiner Tasche, schloss das Gitter auf, ließ mich Platz nehmen, und nach einer Stunde waren alle Dokumente und Pässe abgestempelt und unterschrieben – und er hielt Geldscheine im Wert eines Monatsgehaltes in seinen Händen.

3. Etappe der Lapita-Expedition:
VON JAYAPURA NACH RABAUL

The winner is…

Auf der Fahrt vom indonesischen Jayapura nach Wewak, der ersten größeren Stadt des Nachbarstaates Papua-Neuguinea, hatten wir unser »Bergfest«. Bergfest nennen auch Segler den Zeitpunkt, wenn sie die Hälfte der Strecke hinter sich gebracht haben. Etwa 2000 Seemeilen waren wir gesegelt. Zeit, ein Resümee zu ziehen. Was hatte sich bewährt, was nicht?

Eindeutig: Die beiden Boote waren die Gewinner. Gerade weil wir gleich in See stechen mussten und besonders zu Beginn der Reise massive Schwierigkeiten auftraten und Nachbesserungen an den Booten notwendig machten, hatten wir anfangs wenig Vertrauen in unsere Katamarane. Es kam jedoch ganz anders. Die Boote hatten sich bewährt. So gut wie nichts ging kaputt. Sie konnten alle Widrigkeiten wie Starkwinde wegstecken. Beide Boote wurden zu einer sicheren Bleibe. Wir hatten Vertrauen zu ihnen gefasst. Sie wurden zu unserem »Zuhause«.

Es zeigte sich einmal mehr, dass Boote robuster sind als Menschen. Wir waren schwach, aber die Boote nicht! Außer der Befestigung des Ruderpaddels und den immer wieder scheuernden Tampen, die diese Ruder an das Widerlager des Rumpfes pressten, mussten wir dem Boot keinerlei besondere Aufmerksamkeit schenken. Die Segel standen gut, waren bestens vernäht. Die Bambusspieren hielten dem starken Winddruck stand. Die Rümpfe lagen in der vorgesehenen Wasserlinie und lockerten sich keinen Deut von den sie verbindenden fünf Beams. Nur die Luken waren nicht gegen das hochklatschende Wasser gefeit. Hier musste etwas geschehen.

Auch die Segeleigenschaften waren zufriedenstellend. Unser bestes Etmal lag bei 110 Seemeilen. Hatten wir leichte Winde und keinen starken Seegang, dann konnten wir 55 Grad am Wind segeln. Waren die Wellen jedoch höher, verschlechterten sich diese Am-Wind-Eigenschaften, und die Boote erreichten nur noch 65 Grad am Wind. Hierbei muss berücksichtigt werden, dass die Boote nur den V-förmigen Rumpf besitzen und keinen Kiel haben. Mit einem Kiel, ähnlich dem von Jachten, oder mit Schwertern würden sich diese Eigenschaften wesentlich verbessern.

Es ist erstaunlich zu beobachten, wie die hochgezogene Bugform zuerst das Boot auf der Welle hochhebt und dann diese fast sanft durchschneidet. Ganz selten schwappte Wasser über. Die den Fregattvogel symbolisierende Bugform – auf Anuta und Tikopia heißt dieser Bootstyp *vaka pai manu*, was so viel bedeutet wie »das Boot mit der Vogelform« – hatte demnach nicht nur ornamentalen Hintergrund, sondern auch einen ganz auf nautische Vorteile ausgerichteten Zweck. Auch an den leicht hochgezogenen Heckformen liefen die Wellen unter dem Boot durch. Hatten wir stärkere achterliche See, hob sich das Heck und ließ die Welle unten durchlaufen.

Das Vertrauen in die Boote war bereits auf den ersten 2000 Seemeilen stark, und es wuchs mit jeder Seemeile. Jedoch mussten sie die ganz große Prüfung noch bestehen: einen Sturm.

Aber nicht nur auf dem technischen Sektor waren die Boote Gewinner, sondern auch auf einem Gebiet, dem wir vorher keine Bedeutung beigemessen hatten. Näherten wir uns einem

Ankerplatz, sahen die Dorfbewohner unsere Boote schon von Weitem näher kommen. Als Erstes erkannten sie dabei unsere signifikanten Krebsscherensegel. Diese archaische Segelform am Horizont ließ die Menschen am Ufer an ihre Vorfahren denken.

Wer näherte sich da ihrem Ort? Woher kamen diese Menschen? Waren es vielleicht Stammesangehörige, die nochmals die Boote ihrer Vorfahren gebaut hatten? Oder waren es Fremde von unbekannten Inseln, die noch keine T-Shirts trugen, noch keine Machete aus Stahl kannten, Feuer noch mit dem Feuerstein schlugen, Menschen, die noch nichts von Außenbordern wussten und deshalb Segel aus Matten benutzten?

Eine große Neugierde und ein Rätselraten entstanden, sobald man unsere Segelboote erblickte. Kaum waren wir am Ankerplatz angekommen, kamen uns Menschen in ihren Einbäumen entgegen. Viele überwanden ihre Zurückhaltung und fragten uns aus. Woher? Wohin? An ihren Augen konnten wir ihre Bewunderung für die Boote ablesen. Kein Zweifel: Die Boote waren die Stars.

Die Goldgräberstadt

Wewak war der erste *Port of Entry* in Papua-Neuguinea. Hier mussten wir einklarieren. Nach drei Tagen Segeln mit der neuen Crew, bestehend aus Bettina und Jean-Pierre sowie meinem Sohn Philipp – Matt war wieder auf dem Schwesterschiff –, erreichten wir diesen Ort.

Bis dahin konnten auch die neuen Mitsegler alle drei auf unserer bisherigen Reise vorherrschenden Windrichtungen kennenlernen: Gegenwind, Starkwind und Flaute. Hinzu kam selbstverständlich noch Regen. Sie waren also gleich mit den uns bekannten Bedingungen vertraut gemacht worden.

Nachts in einen fremden Hafen hineinzusegeln hat seinen Reiz. Dieses Mal war Hanneke mit der *Lapita Anuta* vor uns am vereinbarten Ankerplatz. Es gab beleuchtete Tonnen zur Markierung, aber in jedem Hafen überblenden meist die vielen Lichter an Land diese Zeichen. Über UKW-Radio lotste uns Hanneke zu ihrem Ankerplatz, und wir machten keine 50 Meter von ihnen entfernt fest.

Am nächsten Tag offenbarte sich zwischen dem Jachtclub und unserem Ankerplatz ein Riff, das bei Niedrigwasser nicht mal mit dem Außenborder überfahren werden konnte. Um zu dem Jachtclub zu gelangen, mussten wir ein Stück mit dem Dingi paddeln, dann an einem Wrack festmachen, das halb an Land lag, über dieses hinüberklettern und uns letztendlich an einer Palme hinuntergleiten lassen. Erst dann standen wir auf festem Boden. Einen Jachtclub, der vom Wasser aus so schwer zu erreichen ist, gibt es wohl kaum ein zweites Mal!

Ein erstes kaltes Bier, Kontakt mit einem einheimischen Chinesen, und wir wussten, wo wir vom Wetter Gebeutelten diesen Abend essen gehen konnten. Unser Chinese fuhr uns zum Windjammer-Hotel des deutschen Auswanderers Sir Hugo Berghuser. Er ist Millionär, war Minister in Papua-Neuguinea und wurde von der britischen Queen geadelt. Außerdem ist er Deutschnationaler, was unschwer zu erkennen war, fanden wir uns doch in seinem Restaurant in der »Kaiser-Bar« wieder. Unübersehbar hing die große kaiserliche Flagge über der Bar mit allerlei Hinweisen auf eine Zeit, die Sir Hugo noch erlebt hat.

Kaum hatten wir die Bar betreten, kam Brad, ein kanadischer Ingenieur, der in einer Goldmine irgendwo im Hinterland arbeitete, auf mich zu. In seinem Gefolge erkannte ich vier einheimische Männer und Frauen. Brad war angetrunken, die Einsamkeit in der Wildnis musste er wohl bei jedem Wewak-Besuch im Alkohol ertränken. Wie eine Klette hängte er sich an mich. »Vor 20 Jahren flogen 15 Maschinen täglich nach Wewak. Heute ist es nur noch eine. Wewak war wegen seiner Bodenschätze eine *Boom Town*. Ich bin einer der wenigen, der hier noch die Stellung hält!«, säuselte er.

Expats, wie Amerikaner und Engländer Menschen nennen, die es in die ferne Welt getrieben hat, begegneten mir in Wewak jeden Tag. So wie Dieter aus Dessau, der bereits 1957 Ostdeutschland verlassen hatte und nach Australien ausgewandert war. Mittlerweile hatte er es bis Wewak geschafft – oder sollte man sagen: »War er dort gestrandet«? Dieter ist Buchhalter und schon seit Jahren in einer Firma in Wewak tätig. Er trug wie fast alle *Expats* als Erkennungszeichen Shorts und weiße Socken. Nein, nach Deutschland wolle er nicht mehr zurück. Er habe Angst vor den vielen Muslimen.

In einem Supermarkt lernte ich Peter aus Bayern kennen. Sein Erkennungszeichen waren kurze Haare und ein langer, dünner geflochtener Zopf – ähnlich dem eines Chinesen. Er wohnte etwas oberhalb der Bucht, im sogenannten besseren Viertel. Es war dort merklich luftiger und angenehmer als in der stickig heißen »Unterwelt«. Peter baute in Wewak ökologische Häuser. Er half uns beim Füllen unserer Wasserbehälter.

Treffpunkt war für uns Segler der Jachtclub. Hier gab es eine Dusche, Toiletten, kühles Bier und Schatten. Getoppt wurde er jedoch von dem Hotel eines chinesischstämmigen Australiers namens Philipp. Er besaß das beste Hotel mit Restaurant in Wewak, das so schön, sauber und kühl war, dass es für uns zum Wallfahrtsort wurde.

Uns allen waren die Strapazen der Reise, das Leben an Bord, die ständige Konfrontation mit Hitze, Sonne und Regen, der wenige Schlaf und die äquatoriale Luftfeuchtigkeit ins Gesicht geschrieben. Mein 80-jähriger Partner James Wharram brauchte nach jedem Reiseabschnitt auf See eine längere Erholungsphase an Land. Hotelier Philipp erkannte die Erschöpfung in James' Zügen und lud Hanneke und ihn in sein Hotel ein.

Der sonst so robuste Rüdiger bekam eine tropische Hautinfektion. Der ihn behandelnde Arzt meinte, diese könne nur im Krankenhaus der nächstgrößeren Stadt Rabaul mit Penicillin behandelt werden. Also flogen James und Rüdiger zwei Tage später nach Korido, um von dort nach Rabaul weiterzufahren.

In Wewak herrschten eine unbeschreibliche Hitze und Luftfeuchtigkeit. Wir mussten uns neu verproviantieren, bei den Behörden einklarieren, Geld wechseln, Wasser und Benzin beschaffen, Ersatzteile für unsere Petroleumkocher besorgen und allerlei Kleinigkeiten erledigen. Vor dem einzigen Bankautomaten mussten wir warten. In dem winzigen Raum war es durch die zusätzliche Wärmeausstrahlung der Maschine so heiß, dass man bereits nass geschwitzt war, bevor man sein Bargeld entnehmen konnte.

Jede Fahrt, um vom Boot an Land und wieder zurück zu kommen, war eine Strapaze: mit dem Dingi über das flache Riff fahren, es am Wrack festmachen, hinüberklettern, sich an der Palme herunterlassen ... und das Ganze mit Tüten, Taschen und Körben.

Kam man an Land, empfingen einen die herzlichen Gesichter der Papuas. Aber nicht alle waren freundlich. Als ich einmal auf dem grünen Mittelstreifen einer Straße ging, wurde ich von wild aussehenden Jugendlichen umringt, die darauf drängten, dass ich eine Strafe zahlen müsse, weil ich auf dem frisch gemähten Grünstreifen gegangen war. Ich zahlte das »Bußgeld« und war froh, nicht von ihnen ausgeraubt worden zu sein.

Auf der Hauptstraße wurde alle 50 Meter der Dreck zusammengekehrt. Jeder dieser Haufen war rot. Die Farbe stammte von der Spucke Hunderter von Menschen. Ob Frau, ob Mann – jeder kaut Betelnuss, das allgegenwärtige Suchtmittel. In diesen Breiten wird sie zusammen mit einer kleinen grünen Schote (andernorts nimmt man Blätter) und etwas weißem gelöschten Kalk gekaut. Sie puscht die Menschen auf und macht »warm ums Herz«. Von Wewak an bis zu unseren Zielinseln Tikopia und Anuta wurde überall Betelnuss gekaut und roter Saft ausgespuckt.

Einige von uns, die nicht im klimatisierten Hotel von Philipp wohnten, brauchten eine kurze Erholungspause. Wir fuhren mit dem Boot eines Einheimischen zur nahen Insel Moschu und quartierten uns dort in einer einfachen »Pension« direkt am Meer ein. Die Damen schliefen links, wir Männer rechts. Alle unter Moskitonetzen. Es gab Fisch mit Reis, der allerdings nicht besonders schmackhaft, da ungewürzt, war. Dabei lagen doch die Gewürzinseln »direkt vor der Tür«. Die einzigen Attraktionen unserer Hütte waren ein weißer Kakadu und der Blick in die Tropenbucht.

Schon am nächsten Tag waren wir wieder an Bord unserer Katamarane, die inzwischen von einer Wachmannschaft vor Eindringlingen geschützt worden waren. Auch in der letzten Nacht blieb auf jedem der Boote ein Wachmann, hatte man uns doch eindringlich vor der hohen Kriminalität in allen

Städten Papua-Neuguineas gewarnt. Trotzdem sollten wir sie in der Stunde unserer Abfahrt noch zu spüren bekommen.

Die Anker waren bereits oben, die Segel gesetzt, als mich über UKW der Anruf erreichte, dass wir nicht wegsegeln dürften. Es fehle noch eine zu entrichtende Gebühr. Das Zollboot kam, wir mussten zahlen. Es gab keine Quittung.

Wir waren froh, diese Stadt ohne größere Blessuren verlassen zu können. Mehrfach wurden wir gewarnt vor den *rascas*, die in allen Städten Papua-Neuguineas Probleme machen. Sie überfallen Mitbürger, aber vor allem Ausländer, vergewaltigen Frauen und tragen dazu bei, dass das Image der überwiegend freundlichen Melanesier stark beschädigt wird. Aber wie so oft in dieser Welt gab es auch hier den Kontrast von gefährlichen Städten und friedvollem Landleben.

Ein frohes neues Jahr!

Am 31.12.2008 verließen wir Wewak. Der Wind war moderat, aber der Seegang viel zu hoch für diese Windbedingungen. Beide Boote segelten mit etwa 50 Meter Abstand nebeneinanderher. Die *Lapita Anuta* versank manchmal so sehr in den Wellen, dass man nur noch die Köpfe der Besatzung, nicht aber den Rumpf des Bootes erkennen konnte. Kam der Rumpf hoch, bemerkte man die Schönheit des Katamarans. Gleichzeitig sah man erschrocken, wie klein die Boote, wie nahe die Menschen dem Wasser waren. Im Cockpit sitzt man nur knapp 30 Zentimeter über der Wasserlinie, auf Deck nur circa 80 Zentimeter darüber. Trotzdem war die Stimmung gut, wir winkten uns zu, trimmten die Segel und versuchten eine kleine Privatregatta, filmten und fotografierten uns.

Wieder einmal fiel die frühe Nacht wie ein Vorhang über uns. Die Bordroutine wurde eingehalten. Erst machte ich den Sundowner, dann gab es das Abendessen, das alle reihum zubereiteten, ohne dass es eine klare Einteilung gab. Allerdings war ich von der Essenszubereitung ausgenommen, kam erst wieder beim Abwasch zum Zug. Es hatte sich herumgesprochen, dass meine Kochkünste sich auf Jugendherbergsniveau bewegten.

Es war die Silvesternacht, und keiner wollte an diesem Tag früh in die Koje gehen, die frische Brise kühlte uns, und wir alle genossen diese Nacht, froh, der Hitzeküche von Wewak entkommen zu sein.

Plötzlich war ich irritiert. Ich erkannte in Landnähe ein Leuchtfeuer und danach noch einen Blitz an anderer Stelle. Die Lichter waren schlecht auszumachen. Man konnte nicht klar erkennen, ob sie weit weg waren oder ganz nahe. Gab es hier Untiefen? Hatte ich die Seekarten vor der Abfahrt nicht richtig gelesen? Noch während mir diese Gedanken des Schreckens, die ein jeder Seemann kennt, durch den Kopf schossen, musste ich lächeln. Es war das Silvesterfeuerwerk an Land. Das muslimische Indonesien feiert nicht nur exzessiv das christliche Weihnachtsfest, sondern auch das westliche Neujahr.

Wir stießen natürlich um Mitternacht an. Ob mit warmem Bier oder mit warmem Wein, ich kann mich nicht mehr daran erinnern, weiß jedoch, dass wir auf unseren kranken Rüdiger anstießen und auf seine baldige Genesung.

Am nächsten Morgen war der Wind eingeschlafen. Sofort stieg die Hitze, denn der kühlende Fächer des Monsunwindes fehlte. Wir gingen alle baden. Unter der Plattform, zwischen den Rümpfen war es angenehm kühl. Die stabile Badeleiter aus armdickem Bambus machte sich bezahlt. Einmal heruntergelassen, saß man auf der letzten Sprosse, genoss die Abkühlung, wusch sich die Haare oder verrichtete auch mal sein Geschäft, sofern man der Letzte im Wasser war.

Ansonsten hatten wir im vorderen Teil der Plattform ein ovales Loch mit einem Holzdeckel. Der Deckel wurde abgenommen, man setzte sich auf das Loch, ließ die Beine über die Plattform baumeln, schaute nach vorne aufs Meer und erleichterte sich. Alles fiel direkt ins Wasser – ein perfektes *Water Closet.*

Eigentlich hatte ich geplant, auf der Werft noch für jedes Boot einen kleinen Paravent bauen zu lassen, den man beim Toilettengang hinter sich aufstellen konnte, hatte das aber in den Wirren der letzten Tage vergessen. Wie es sich bald herausstellte, war auch ohne Paravent die Intimität gewahrt. Sobald einer von uns mit der Klopapierrolle nach vorne ging, drehten sich die anderen um, unterhielten sich oder schauten ganz einfach ins Heckwasser. Es war wie eine angeborene Diskretion.

Inzwischen betrug unsere permanente Verspätung gegenüber meinem Zeitplan nur noch fünf Tage. Ich war gespannt, was uns nach all den Wetterschwierigkeiten noch erwarten würde. Ein neues Problem sah ich in den letzten Tagen direkt auf uns zuschwimmen: Baumstämme. Wir näherten uns dem Sepik, dem längsten Fluss von Neuguinea. Sein Mündungsgebiet soll eines der größten der Welt sein. Herrscht Neu- oder Vollmond, steigt die Flut besonders hoch, Geäst und Baumstämme, die sonst am Ufer des Flusses liegen, werden mitgeschwemmt und treiben dann mit dem ablaufenden Wasser des Flusses ins Meer. Es war genau die Neumondphase, als wir an der Mündung des Sepik vorbeisegelten. Trotz etwa 30 Seemeilen Distanz bildeten sich hier draußen auf dem Meer bei kaum sichtbaren Strudeln große Ansammlungen von ökologischem Abfall. Manchmal nur 100 Meter im Durchmesser, manchmal aber auch über eine Seemeile. Hier sammelten sich Blätter, Kokosnüsse, Äste, Zweige und Baumstämme von einer Größe, die bei uns nicht anzutreffen ist. Ein Allerlei aus den Tiefen der größten Dschungelinsel der Welt.

Die tropischen Baumriesen, die seit Monaten oder auch seit Jahren auf dem Meer trieben, hatten sich mit Wasser vollgesogen und schwammen Eisbergen ähnlich unter Wasser. Das machte sie für uns so gefährlich. Gerieten wir mit unseren beiden Rümpfen, zum Beispiel nachts, in ihr Zweiggewirr und verhakten uns darin, bestand keine Chance mehr, daraus zu entkommen. Wir gingen dann quasi mit den Ästen und Stämmen auf Drift. Aber wir hatten Glück.

Mit günstigen Winden kamen wir durch die Nacht, passierten die Vulkaninseln Koil und Blup Blup (bei diesem Namen meint man den Vulkan direkt zu hören). Besonders die Insel Manam sieht aus wie ein perfekter Mustervulkan. Ein fast symmetrischer Kegel ragt aus dem Meer. Nachts erkannte ich Lichter auf dieser Insel, knapp über dem Meer. Es mussten also Menschen am Fuße des Vulkans leben. Dies war mir noch unverständlicher, als ich am nächsten Morgen sah, wie Rauch aus dem Bilderbuchvulkan aufstieg.

Unser Ziel war die Insel Karkar. Hier, so hatte Hanneke gehört, sollte noch traditioneller Bootsbau betrieben werden. Besonders für James und Hanneke war dies ein guter Grund, die Insel zu besuchen.

So, wie mit der Erfindung des Autos nach kurzer Zeit die Pferdefuhrwerke verschwanden, so hat in Neuguinea durch die Einführung des Außenborders eine noch viel schnellere Revolution stattgefunden. Vor wenigen Jahren hat der Staat

Papua-Neuguinea eine Einheitsform offener Boote von etwa 6 Meter Länge auf den Markt gebracht. Hinten wird lediglich ein Außenborder angeschraubt. Durch die rasante Einführung dieser Kunststoffboote gerieten im Nu viele 1000 Jahre Bootsbauerfahrung in Vergessenheit. Mit diesen neuen Booten verlieren Inseln ihre Isolation, wird auf offener See gefischt, werden Kranke ins Hospital gebracht, Material befördert, Fährbetrieb geleistet. Nur noch der küstennahe Betrieb wird mit Einbäumen erledigt, also nur noch Fahrten, die sich »vor Ort« abspielen.

Wir wurden Zeugen einer Entwicklung, bei der die Bootsbaukultur kurz vor dem Aussterben stand. Denn so wie sich unsereins ein iPad wünscht, genauso wünscht sich ein Küstenbewohner ein neues, pflegeleichtes Kunststoffboot mit Außenborder.

Wir näherten uns am Nachmittag der Insel Karkar. Einheimische dirigierten uns punktgerecht zu unserem Ankerplatz. Philipp tauchte sofort nach dem Anker und vergrub diesen tief hinter einem Korallenblock. So lagen wir gut und sicher. Ein wunderbares Gefühl nach drei Tagen auf hoher See. Kurz vor der Dunkelheit kam auch das Schwesterschiff an. Wir hatten den Tipp, nach Karkar zu segeln, von dem neuseeländischen Skipper Chris Bone erhalten, der diese Insel regelmäßig besucht. Er ist Mitglied der internationalen Organisation *Oceans-Watch*, die sich für die ökologische Erhaltung der Meere stark-macht.

Zuerst sahen wir so gut wie nichts vom traditionellen Bootsbau, der hier noch zu finden sein sollte. Im Gegenteil: Dutzende von Menschen, meist Jugendliche, kamen zu uns herausgeschwommen. Manche auf Autogummireifen, manche auf Holzplanken, einige nackt, ein paar Erwachsene in Einbäumen. Es waren freundliche Gesichter, sie lachten und johlten, und es dauerte nicht lange, bis die Ersten an Bord waren und sich staunend unsere Boote anschauten. Trotz ihrer Fröhlichkeit – der Anblick ihrer kaputten Zähne, ihrer roten Lippen und Münder erschreckte uns jedes Mal. Man schaute oft in schwarz-rote Löcher, Zähne gab es bei den Älteren nur noch als Stummel. So sehr hatte das ständige Betelnusskauen, besser gesagt, der Kalk, diese zerstört. Ich wollte gerne die Übersicht behalten und ließ nur eine gewisse Anzahl an Besuchern zu. Anders Hanneke und James. Ihr Schiff schien förmlich durch die circa 30 Personen an Bord in die Knie zu gehen. Die Dämmerung rückte heran, und langsam verließen die Besucher unsere Boote. Am nächsten Morgen stellten wir fest, dass unser Tauchermesser und ein paar Flossen fehlten. Die Versuchung war wohl zu groß gewesen …

Als wir später das Dorf besichtigten, hörten wir, dass ein Australier hier eine große Kokosnussplantage betrieb, auf der die meisten Männer beschäftigt waren. Die Vulkaninsel Karkar ist in Papua-Neuguinea bekannt für ihre fruchtbaren Böden.

Jeder, der uns begegnete, begrüßte uns, fragte, woher wir kämen, wünschte uns ein gutes neues Jahr und zog weiter. So lachend wie ihre Gesichter, so freundlich war auch ihr Wesen. Wenn doch nur nicht dieser kleine Diebstahl gewesen wäre. Wir verteilten ein paar Süßigkeiten an die Kinder, und Bettina meinte sehr passend, sie komme sich vor wie beim Karneval: Der Zoch kütt, Kamelle!

Alle Häuser waren auf Stelzen gebaut, oft grunzten Schweine darunter, Hühner pickten, Hunde dösten, und Katzen schlichen sich davon. Noch nie habe ich Menschen so eng mit ihren Tieren zusammenleben sehen. Natürlich entnahm Matt seine Proben.

Philipp fuhr mit Einheimischen auf Thunfischfang. Als sie nach Stunden zurückkamen, war das einzige Ergebnis eine Serie von schönen Fotos – aber kein einziger Fisch. Selbst die Experten hatten nicht mehr Jagdglück als wir!

Hanneke und James hatten inzwischen den besten Bootsbauer auf ihren Katamaran eingeladen und diskutierten mit ihm die traditionelle Arbeitsweise, sie tauschten Adressen aus, und Hanneke machte ihre schönen Skizzen.

Grau

Wir hatten die Expedition in die Monsunzeit mit ihren vorherrschenden Winden aus Nordwest gelegt, denn dies bedeutete für uns halbe, raume bis achterliche Winde – jedenfalls in der Theorie. Und keine Gegenwinde – aber auch das nur theoretisch. So richtig die Wahl der Monsunzeit für uns auch war, so riskant war sie gleichzeitig, war dies doch die Zyklonsaison. Diese heftigen tropischen Wirbelstürme treten fast ausschließlich in der Zeit von November bis März auf. Wir mussten mit diesem Risiko leben, sprich segeln. Sollte sich uns ein Zyklon nähern, sollten wir zwei bis drei Tage vor dem Zusammentreffen eine Warnung vom Deutschen Wetterdienst erhalten. Dann hätten wir sofort Zuflucht an Land gesucht. Mithilfe einer Winde, die wir an einem Baum befestigt hätten, hätten wir die Boote auf kleinen Baumstämmen (Bananenstauden eignen sich sehr gut, weil sie glitschig sind) über den Strand an Land gezogen. Das wäre unsere einzige Chance gewesen, den Zyklon zu überleben.

Wir segelten am 5. 1. 2008 von Karkar los. Der Wind stand gut. Ziel war die 220 Seemeilen entfernte Insel Garove. Kurs:

genau 90 Grad Ost. Wir merkten bereits bei der Umrundung der Insel Karkar, dass die Nordwestwinde durch den Windschatten der hohen Vulkaninsel nicht abgehalten wurden, sodass wir annehmen mussten, dass uns auf offener See ein strammer Nordwester erwarten würde. Wir waren voller Erwartung, endlich einmal mit handigem raumen Wind vorwärtszupreschen. Es wäre das erste Mal.

Schon bald merkten wir, dass das Großsegel die falsche Wahl unter diesen Voraussetzungen war, und wechselten es gegen das mittlere Segel aus, das wir bei schwachen Winden als Besansegel benutzten. Kaum stand dieses, wobei jeder Segelwechsel mit mühseliger Arbeit verbunden war, mussten wir es wieder herunternehmen. Der Wind hatte nochmals zugelegt, und wir setzten unser kleinstes Segel, das Hanneke als Sturmsegel vorgesehen hatte.

Wind und Wellen waren so stark, wie wir es auf dieser Reise noch nicht erlebt hatten. Die Nacht brach herein. Wir gingen unsere Wachen. Ich konnte in meiner Koje anhand der Wellengeräusche am Rumpf in etwa die Situation einschätzen. Mehrfach streckte ich meinen Kopf aus der leicht geöffneten Luke. Hielten wir Kurs, war der Rudergänger Herr der Lage? Hatte der Wind noch mehr zugenommen? Wellen klatschten gegen die Rümpfe, und Wasser schoss zwischen den Planken der Plattform hindurch an Deck. Längst hatte sich gezeigt, dass die Luken nicht genügend Schutz vor diesem von unten eindringenden Wasser boten. Die Luken waren nur dicht, wenn Wasser von oben kam, also bei Regen. Die Folge: Alle Kabinen wurden nass. Das nicht trocknende Salzwasser hatte den Nachteil, dass bei geschlossener Luke und der vorherrschenden Hitze die durchtränkten Stoffe und Kleidungsstücke anfingen zu »müffeln«. Gelinde gesagt, es stank. Später, am

Ende dieses Reiseabschnittes, in Rabaul, verließ Jean-Pierre fluchtartig das Boot, um die letzten beiden Nächte in einem Hotel zu wohnen. Er konnte diesen Gestank nicht mehr ertragen.

Der neue Tag war grau. Grau war das Meer. Grau der Himmel. Grau waren die Gesichter von Bettina, Jean-Pierre, Philipp und wohl auch mir. Der Starkwind hatte sich zur Vorstufe eines Sturmes entwickelt. Mein Sohn Philipp konnte in seiner Freiwache nicht schlafen und hatte am Ruder eine andere Wache übernommen. Wir hatten Regenzeug an, und uns war kalt – und das in den Tropen.

Ich hatte allen Mitseglern geraten, nur ganz leichtes Regenzeug für die Tropen mitzunehmen. Ungefähr 14 Tage vor meiner Abreise aus Deutschland hatte Jean-Pierre allen Mitseglern eine E-Mail geschickt, dass es bei einem der großen Discounter ganz besonders günstiges Regenzeug zu kaufen gebe. Es sei leicht, preiswert, man könne nur die Hose oder nur die Jacke wählen, und es sei aus dem atmungsaktiven und dennoch regendichten Goretex-Material. Ich glaube, die meisten von uns kauften sich Jacke wie Hose.

Als wir am Anfang der Expedition in die tagelang anhaltende Regenperiode geraten waren, dachten wir, dass wir dem Regen mit dieser Ausrüstung Paroli bieten könnten. Von wegen: Am zweiten Tag waren die Reißverschlüsse kaum noch zu bedienen, weil Salzkristalle sie blockierten, ein stark gebauter Mitsegler bückte sich, und die Hosennaht war geplatzt, die Druckknöpfe hielten nicht ... Jedenfalls war dieses Regenzeug wohl mehr für sommerliche Radtouren gedacht als für eine Expedition.

Philipp saß mit seiner weißen dünnen Regenjacke aus seinen Radrennfahrertagen fröstelnd im Cockpit. Sicherlich an

Land chic anzusehen, aber nicht sturmtauglich. Bettina hatte eine halbwegs regentaugliche Jacke an. Ich hatte Ingo sein Markenregenzeug abgekauft, als er das Boot verlassen hatte – mein Discounterregenzeug hatte ich längst entsorgen müssen –, und war als Einziger gut bedient. Jean-Pierre, Initiator des gut gemeinten Billigeinkaufs, hatte inzwischen zu einem knallroten Regencape gewechselt. Dieses blies sich im Sturm so sehr auf, dass er es mit einem Gürtel bändigen musste, ansonsten hätte es ihn ständig behindert.

So mussten wir – mehr oder minder schlecht ausgerüstet – den neuen Sturmtag erleben. Da wir kein Anemometer an Bord hatten, konnte ich die Windstärke nur grob schätzen. Obwohl Windstärken meist überschätzt werden, möchte ich behaupten, dass wir in den Böen eine Stärke von acht Beauforts hatten. (Später, in Rabaul, hörten wir, dass der Sturm sogar mit neun Beauforts im Hafen getobt hatte.) Für einen flachen Katamaran, dessen Verbände alle nur mit Tampen verknüpft waren und mit Steuerpaddeln, deren Haltetampen schnell durchscheuerten, war dies eine nicht ganz ungefährliche Situation.

Die Geschwindigkeit des Bootes konnten wir an unserem GPS abmessen, und sie betrug in den Spitzen 14 Knoten. Wir rauschten dahin, aber es wurde bedenklich, denn die Büge schnitten in die Wellen ein. Dies kann zum Unterschneiden führen, wobei der Katamaran mit der Welle zusammenprallt. Der abrupte Stopp kann zu Schäden, im schlimmsten Fall zu einer Kopfüberkenterung führen.

Wir mussten also die Geschwindigkeit drosseln. Als Erstes versuchten wir, das Sturmsegel herunterzunehmen. Doch der Winddruck in dem Segel war so groß, dass es sich nicht rührte. Nach stundenlangen Versuchen mit bis zu drei Mann gelang es uns endlich, das Segel ein wenig tiefer zu setzen. An ein Reffen war nicht zu denken.

Der Wind nahm weiter zu, und unsere Lage wurde gefährlich. Wie sollten wir die Geschwindigkeit reduzieren, damit die Büge nicht die Wellen unterschnitten? Wir brauchten einen Seeanker. Als Seeanker hatten wir stabile Körbe vom Markt der philippinischen Stadt Taglibaran an Bord. Sie waren aus gespleißtem Bambus gefertigt worden, also äußerst stabil. In mehreren dieser circa 60 Zentimeter hohen Körbe hatten wir unsere Ankertampen, Ausrüstungsgegenstände oder auch Früchte untergebracht. Wir beluden einen Korb mit mehreren gefüllten Vier-Liter-Wasser-Containern, banden die Plastikflaschen fest und ließen das Ganze an einem Schlepptau am Bug ins Wasser. Dabei legten wir das Ruder um und wollten die beiden Büge in den Wind halten. Es tat sich wenig. Das Boot ließ sich nicht in den Wind drehen.

Wir wiederholten die Prozedur mit einem zweiten Seeanker. Auch das nutzte nichts. Immer wieder endete es damit, dass das Boot mit seiner Breitseite zum Wind lag, was wir nicht wollten, weil diese Situation am gefährlichsten ist. Danach versuchten wir es mit den beiden Seeankern am Heck. Hier erzielten wir erste Ergebnisse. Die Fahrt verlangsamte sich geringfügig.

Doch unser Hauptproblem war das Sturmsegel. Ich würde sagen, es umfasste circa acht bis neun Quadratmeter. Eine Fläche, die etwa um das Vierfache zu groß für ein echtes Sturmsegel ist. Wir versuchten alles Erdenkliche, um dieses Sturmsegel ganz herunterzubekommen. Das Fall hatten wir bereits gefiert, aber der enorme Winddruck hielt die beiden Spieren und das Segel gegen Mast und Want gedrückt. Es bewegte sich keinen Zentimeter. Unsere Situation blieb kritisch.

Mein Sohn Philipp, der schon mehrfach an der Katamaran-regatta »Rund um Texel«, unter anderem im 18er-Hobie-Kat, teilgenommen hatte, rief: »Wir müssen Löcher in das Segel schneiden. Nur so kriegen wir den Druck raus! Das machen Kat-Segler, wenn gar nichts mehr geht!«

Löcher in das Segel schneiden? Ich war dagegen, noch segelten wir. Zwar am Rande des Zumutbaren, aber noch sah ich nicht den ultimativen Notfall.

Die Diskussion ging hin und her. Wir waren übermüdet. Uns fröstelte. Wir hatten kaum etwas gegessen. Um uns herum tobte der Sturm. Wellen klatschten über Deck. Seevögel flogen dicht über dem Boot, als ob sie dort Schutz suchen wollten. Es wurde langsam dunkler, die Dämmerung kam sehr früh. Noch so eine Nacht?

Die zweite Sturmnacht kam über uns. In der Koje konnte man seine Müdigkeit kaum durch Schlaf abschütteln. Es blieb einem nur, ein bisschen zu dösen. Die Fahrgeräusche, das Klatschen der Wellen gegen die Außenhaut und der Gestank in der geschlossenen warmen Koje ließen Schlaf nicht zu. Draußen an der Luft auf Wache, am Ruder ging es einem besser. Nachts sah man die Höhe der hinter uns ununterbrochen anrückenden Wellen nicht.

Völlig gerädert trafen wir uns im tristen Morgenlicht des dritten Sturmtages alle an Deck. Durch das Grau der Wolkenbänke, die im Schnelltempo dicht über uns wegzogen, erkannten wir schemenhaft den Umriss einer Insel, der ersten einer kleinen Kette, deren östlichste und größte unsere Zielinsel Garove war. Wenn wir erst ihren Windschatten erreicht hatten, waren wir sicher vor dem Sturm. Gespannt schauten wir auf den diffusen Umriss vor uns, der laut GPS unsere Insel sein sollte. Der Blick achteraus galt den heranrollenden Wogen.

Ich war stolz auf meine Crew. Es hätte auch anders kommen können. Sie hätten sich übergeben, mit Seekrankheit völlig ausfallen oder Ängste zeigen können, die ihre aktive Mitarbeit nicht mehr erlaubt hätte.

Der Sturm hatte mich wieder an die alte Sturmtaktik für Jachten erinnert, die erstmals wohl von dem Argentinier Vito Dumas in seinem Buch »Auf unmöglichem Kurs« vorgestellt worden war, nämlich immer Fahrt im Boot zu halten. Später hatte diese Technik unter anderem der bekannte Franzose Bernard Moitessier übernommen.

Der Versuch, mit unserem Boot beizudrehen, misslang. Hierbei wird das Boot durch den Wind gesegelt, und das Vorsegel wird back geholt. Dies konnte wohl deshalb nicht gelingen, weil die beiden Katamarane keinen Bleikiel und keine Steckschwerter besaßen.

Im Schneckentempo, so schien es uns, kam Garove näher. Ob unser Schwesterschiff auch hergefunden hatte? Wie hatten sie den Sturm überstanden? Hatten sie Schäden an Bord?

Gegen Mittag war es dann so weit. Wir waren im Windschatten der Insel Garove. Kein Sturm mehr. Alles war urplötzlich ruhig. Es wurde richtig warm. Der Sturm war wie »weggeblasen«.

Unser Anker fiel neben unserem Schwesterschiff. Wir rissen unsere Luken auf, hängten Hunderte von nassen Kleidungsstücken und Ausrüstungsgegenständen auf und erfuhren, dass es unsere Freunde nicht so arg erwischt hatte, weil sie einen südlicheren Kurs gesegelt waren und sich der Sturm bis zu ihnen wohl etwas abgeschwächt hatte.

Fast hätten sie unseren Treffpunkt nicht erreicht, so berichtete Hanneke, denn wegen eines Navigationsfehlers wären sie beinahe auf ihrem Kurs über das Ziel hinausgeschossen. Zurück, gegen den Sturm, hätten sie es nicht geschafft. So blieb uns die Sorge erspart, uns immer wieder zu fragen: Was ist aus unseren Freunden geworden?

Auf dieser Fahrt von Karkar nach Garove machte Hanneke sich Notizen über die Segeleigenschaften ihres Bootes. Sie stellte bei einem Am-Wind-Kurs fest, dass der Winkel von Wende zu Wende auf dem Kompass 100 Grad betrug, was einen Kurs am Wind von 50 Grad bedeutete. Auf die Karte übertragen, machte der Winkel zwischen beiden Wenden jedoch 120 Grad aus, was eine Abdrift von zehn Grad nach sich zog. Dies entspricht in etwa den Erfahrungen, die wir mit dem Testboot in Mexiko gemacht hatten. Für ein »Steinzeitboot« mit nur 60 Zentimeter Tiefgang, ohne Kiel, in der Tat keine schlechte Leistung. Und ein wichtiger Beweis, dass diese Boote Am-Wind-Kurse segeln konnten.

Über die Ästhetik von »primitiven« Booten

Auf Garove ankerten wir zweifelsfrei in einem ehemaligen Kratersee. Ein Indiz dafür ist oft der sehr steil abfallende Ankergrund. Keine zehn Meter vom Ufer entfernt war dieser bereits 30 Meter tief. Wir brachten das Boot nahe ans Ufer, legten es parallel dazu. Dann wurde der Buganker geworfen und mit dem Dingi der Heckanker ausgebracht. So mussten wir nicht unsere 60 Meter lange Ankertrosse in die Tiefe hinablassen. Ohne den Anker rückwärts mit Motorkraft in den Ankergrund einzuziehen, hätten wir niemals gewusst, ob er halten würde.

Wir hatten auf jedem Boot ein sogenanntes Handlot, eine kleine faustdicke »Bleibombe« an einer langen Schnur. Alle

Meter hatte ich einen Knoten in die Schnur gemacht, alle fünf Meter einen Doppelknoten. So konnten wir auf klassische Art per Hand die Tiefen messen.

Wie auch Karkar war Garove eine äußerst grüne und fruchtbare Insel. Hungern musste hier keiner. Wir gingen an Land und wurden sofort mit Früchten beschenkt, die wir nicht kannten. Sie waren eine Mischung aus Apfelsine und Pampelmuse, mit einem süßsauren erfrischenden Geschmack, genau das Richtige gegen unseren Durst.

Im Dorf Widu waren wir eine Sensation. Freundliche Menschen umkreisten uns, Kinder nahmen uns an den Händen. Und immer wieder schälten Menschen diese uns unbekannten Früchte und reichten sie uns.

Das Erste, was uns am Ankerplatz von Garove auffiel, waren die ungewöhnlichen Boote. Es waren Auslegerboote, deren Rumpf aus einem langen, schmalen Baum geformt war. Jedoch war diese Form so grazil, lang und schlank, wie wir es noch nie auf dieser Reise gesehen hatten. Dagegen waren alle vorherigen Boote unförmig und klobig, weit von der Ästhetik der Boote von Garove entfernt.

Lautlos fuhren diese Auslegerboote mit ganzen Familien an Bord an uns vorbei. Auch Kinder kamen damit zu unseren Booten, umkreisten uns, und ich hatte Zeit, sie mir aus der Nähe anzuschauen. Man kann die Rumpfform mit einer schmalen Zigarre, fast mit einem Bleistift vergleichen. Noch besser aber mit einem offenen Skiff, dem Einerrennboot.

Bei den Booten von Garove kommt man gar nicht auf die Idee, dass es sich um Einbäume handelt. Eher wirken sie wie lange, zierliche Kunstwerke, die knallbunt angemalt sind. Aber es kommt wohl auch der empirische Moment vieler Bootsbauer hinzu, der in diesem Fall heißen konnte: »Länge läuft.« Ein klassisches Credo aus der Regattawelt und eine Erkenntnis, die natürlich auch Naturvölker kennen.

Die Bewohner wussten wohl um den Wert ihrer nautischen Kunstwerke. Sorgfältig waren einige Boote an Land, über der Hochwassermarke auf Stelzen gelagert. Saß ein Mann allein im Boot, kam der Bug leicht aus dem Wasser. Er selbst saß auf dem Heck des Bootes mit den Füßen im Rumpf.

Die Aufbauten zu dem Ausleger waren von besonderer Art. Sehr sauber waren kleine Böcke auf dem Setzbord befestigt, von denen die Querverstrebungen aus Bambus zu dem Ausleger führten. Diese Verstrebungen waren ebenfalls von hoher Ästhetik, während sie bei polynesischen Booten eher »provisorisch« wirken, weil es sich um Verschleißteile handelt, die öfter ausgetauscht werden müssen.

Es gab noch weitere Unterschiede zu der Art, wie Polynesier ihre Ausleger bauen: Die Bootsbauer von Garove benutzen nur zwei Querstreben, die in der Mitte des Bootes zum Ausleger führen. Bei ihnen sitzt der Paddler hinter oder vor den Beams. Die Polynesier hingegen benutzen zwei bis fünf Querstreben. Diese sind so angelegt, dass ein Paddler genug Platz hat, um sein Paddel zwischen den Beams benutzen zu können. Außerdem liegen die Ausleger der Garove-Boote an Steuerbord und nicht wie in Polynesien an Backbord.

Hanneke und James, unsere Bootsdesigner, waren besonders angetan von dieser Konstruktion. Und Hanneke, mit ihrem Talent, alle Details sofort in Form von Skizzen zu Papier bringen zu können, machte viele Detailzeichnungen. Stundenlang diskutierten beide mit einheimischen Bootsbauern, die wiederum an der Konstruktion unserer Katamarane interessiert waren.

In der Zwischenzeit schauten wir uns zwei Dörfer und die

hoch über dem Ankerplatz liegende Kirche an. Es waren schon zwei Wochen seit dem Weihnachtsfest vergangen, und immer noch war die Krippenszene von der Geburt Jesu und den Heiligen Drei Königen aufgebaut. Einfach geschnitzte Figuren, aber sehr eindrucksvoll. Allerdings weit von der Ästhetik der Boote entfernt.

Wir hatten an Land mithilfe von Jugendlichen unsere Wasserbehälter aufgefüllt, die vom Salzwasser getränkte Wäsche von den Dorfbewohnern waschen lassen, Obst gekauft. Nun waren wir startklar, obwohl draußen auf See noch viele weiße »Katzenpfoten« zu sehen waren, die auf starken Wind schließen ließen. Wir selbst lagen geschützt wie in Abrahams Schoß. Sollten wir wirklich weiter?

Wir mussten los, hatten wir doch immer noch ein Zeitdefizit von drei Tagen gegenüber unserer Planung. Die neue Crew wartete in Rabaul, dem nächsten Etappenziel.

Als wir Anker aufgehen wollten, kamen die Einheimischen, mit denen Hanneke und James vorher im Gespräch waren, mit ihren Booten zu uns und forderten Ankergeld. Das war mir in meiner 35-jährigen Segelzeit noch nie passiert. Geld für einen Ankerplatz vor einer Tropeninsel. Was schnell klar wurde: Die Männer machten mit ihrer Forderung keinen Spaß. Sie hatten Macheten in ihren Booten, sprachen von Polizei, von ihrem Recht an ihrem Ankerplatz, der zu ihrem Dorf gehörte. Aber wofür Geld? Für das Obst, das Wasser und die Wäsche? Das hatten wir bezahlt.

All die positiven Eindrücke waren verflogen. Zurück blieb ein bitterer Beigeschmack, und ich kann nur allen Jachten raten, Garove aus diesem einen Grund zu meiden.

Immer der Rauchfahne entgegen

Als wir die geschützte Bucht von Garove verlassen hatten, empfing uns wieder raues Wetter mit Starkwind. Sicherlich hatte der Nordweststurm nachgelassen, aber er zwang uns erneut, das »kleine« Sturmsegel zu setzen. Es war ungemütlich, mit bedecktem Himmel. Alles war wieder grau.

Unsere Moral war ziemlich unten. Ich konnte es nicht glauben, dass wir in den Tropen meist gegen schlechtes Wetter zu kämpfen hatten, wo wir doch alle die schönen Bilder von weißen Stränden, grünen Palmen und blauem Himmel vor Augen hatten. Ich war zermürbt, mich hielt in dieser Zeit nur der Gedanke an die Ankunft in Tikopia aufrecht. Das war mein Strohhalm. Ich wusste, welch außergewöhnliches Geschenk die Boote für die Bewohner von Tikopia und Anuta bedeuten würden. Von Tikopia wusste ich, dass es ein großes Fest geben würde, dass getanzt, gesungen und geschmaust werden würde. Die Insel würde kopfstehen. Dass meine Vorstellungen später noch übertroffen werden sollten, konnte ich nicht wissen. Aber immer wenn ich auf dieser Reise ein Tief hatte, war die Vorstellung von der Ankunft in Tikopia mein Rettungsanker. Oder positiv ausgedrückt: Sie war meine Antriebsfeder. Ich glaube, ähnliche Projektionen braucht jeder Expeditionsleiter.

Erst am nächsten Tag verbesserten sich die Wetterbedingungen. Es wurde warm. Der Wind wurde schwächer, reichte aber zum Segeln. Unser Ziel war Rabaul, die Hauptstadt der ehemals deutschen Kolonie Bismarck-Archipel, die die Inseln Neupommern, Neumecklenburg und Neuhannover umfasste. Zur Erinnerung, das Kaiserreich besaß folgende Kolonien im Pazifik: das nördliche Neuguinea, die Inseln des Bismarck-Archipels, die nördlichen Salomonen, die Marshallinseln mit

Nauru, Palau, die Karolinen und Marianen sowie das westliche Samoa.

Circa 180 Seemeilen lagen vor uns. Davon mussten wir 150 Seemeilen auf offener See zurücklegen, bevor wir an Backbord die einzige Tonne passieren mussten, die vor den flachen Gewässern des nördlichen Teils der Insel Neubritannien (früher: Neupommern) warnt. Erst hier konnten wir um den nördlichen Teil der großen Insel segeln, um dann mit Südkurs zur Bucht von Rabaul zu gelangen.

Ausnahmsweise hatten wir mitgehenden Strom zwischen den Inseln Neubritannien und Neuirland (früher: Neumecklenburg). Wir näherten uns der Insel Watom. Hier hatte im Jahr 1908 der deutsche Pastor Otto Meyer Lapita-Keramikscherben gefunden. Über Funk einigten wir uns mit dem hinter uns segelnden Schwesterschiff, dass wir wegen der wartenden Mitsegler weiter nach Rabaul segeln würden, während sie der Insel Watom einen Besuch abstatten würden.

Um in die große geschützte Bucht von Rabaul zu gelangen, mussten wir erst Richtung Ost, dann Süd, dann West und letztendlich Nord segeln. Mit anderen Worten: Wir mussten um eine Halbinsel herum. Und genau am Ende der Halbinsel befanden sich mehrere Vulkane. Nun waren wir seit Indonesien an vielen Vulkanen vorbeigekommen, die zum Teil wie Mustervulkane mit gleichschenkligem Kegel aussahen, doch sie waren meist erloschen. Andere hatten noch ein wenig gequalmt. Einem richtig aktiven Vulkan waren wir nicht begegnet. Das sollte sich am 11. 1. 2009 ändern.

Zuerst sahen wir dunkelgrauen Rauch über der Halbinsel aufsteigen, die zum nordöstlichen Teil Neubritanniens gehört. Da dachten wir noch an einen Waldbrand oder Ähnliches. Dann aber änderte sich die Vegetation rapide. Alle Bäume an

Land waren verbrannt, statt grün war alles braun. Der Bewuchs zwischen den Bäumen fehlte, die Bäume selbst glichen Stümpfen. Sie wirkten, als ständen sie in einem versteinerten Park.

Kaum waren wir um das östlichste Kap gesegelt, erkannten wir das Desaster. Der Vulkan am südwestlichen Kap, um das wir herumsegeln mussten, war aktiv. Dabei wirkte der Vulkan gar nicht groß. Wie wir später erfuhren, trägt er sich in seiner Höhe selbst ab. In Intervallen stieß er seine Rauchwolken aus, die ein tiefgraues Band nach Süden hin bildeten. Um in die Bucht zu gelangen, mussten wir unter der Rauchwolke hindurch, die der Nordwind nach Süden blies, nicht ahnend, was dies mit sich bringen würde.

Inzwischen hörten wir auch ein Getöse, ein Grollen aus dem Inneren des Vulkans. Immer grauer wurde die Landschaft. Ich schaute auf die Seekarte: Tavurvur hieß der Vulkan. Nördlich davon sollte der Flughafen liegen, auch der Golfplatz, aber auch da war alles grau. Ich schaute in eine graue, öde wirkende Landschaft. Nein, hier war kein Flughafen mehr, auch kein Golfplatz.

Jetzt war der Vulkan keinen Kilometer von uns entfernt. Der Wind drehte günstig mit uns, und wir konnten bis zum *Rabaul Yacht Club* (RYC) segeln – nur zu erkennen an einer einzigen Jacht, festgemacht am einzigen Steg. In einer winzigen Bucht warfen wir den Anker. Von einem Clubhaus war vom Wasser aus nichts zu sehen.

Aber eine andere Überraschung winkte vom Ufer zu uns hinüber: Nada Mandelbaum und Hannes Dehner, unsere neuen Mitsegler, die uns bereits seit Tagen erwarteten. Über die nach Rabaul vorgereisten Crewmitglieder, den inzwischen gesundeten Rüdiger und den wieder »aufgetankten« James waren sie über unsere Ankunft informiert worden. Schließlich hatten wir ja ein Satellitentelefon an Bord, über das wir uns gemeldet hatten, bevor es im Sturm durch eindringendes Salzwasser außer Gefecht gesetzt worden war. Mithilfe eines Amerikaners, den wir in Rabaul trafen, konnten wir es Gott sei Dank wieder funktionsfähig machen.

Jean-Pierre packte nach unserer Ankunft ganz schnell seine Sachen. Wie schon erwähnt, trieb ihn der Gestank in seiner Koje fluchtartig an Land, in dasselbe Hotel in Kokopo, der neu errichteten Stadt im Süden der Bucht von Rabaul, in dem auch Rüdiger, James, Nada und Hannes wohnten.

1994 war der Vulkan Tavurvur ausgebrochen. Sein Ascheregen hatte nicht nur eine Halbinsel, sondern auch »die Perle der Südsee« zerstört. So hatte der berühmte amerikanische Schriftsteller James Michener die Stadt Rabaul vor dem Ausbruch genannt. Von alten Fotos, von Führungen durch die Stadt und aus vielen Berichten erfuhr ich mehr vom Leben in der einst blühenden Handelsstadt Rabaul. Melanesier, Polynesier, Expats (Deutsche, Engländer, Australier), Inder und Chinesen wohnten hier. Rabaul war Hafenstadt, Verwaltungs- und Handelszentrum, Ort der Künstler und Musiker, Treffpunkt der Kulturen. Einst aufgebaut von Deutschen mit Steinhäusern, die man hier nicht kannte, muss das Leben hier pulsiert haben. Man wohnte unten am Wasser oder oben in den Hügeln, wo es etwas kühler war. Der Boden war fruchtbar – und die Vulkane schliefen. Jeder, den ich um Auskunft bat, schwärmte vom alten Rabaul.

Und jetzt? Rabaul lag in Asche. Auf dem Weg zur sogenannten Innenstadt erkannte man die Situation. Wie nach einem schweren tagelang anhaltenden Schneesturm war die Asche zur Seite gehäuft worden. Sie lag meterhoch rechts und links der Straßen und der wenigen Gehwege.

Bereits am Ankerplatz rochen wir den über Land und Stadt liegenden Schwefelgeruch. Er drang aus der Asche hervor, egal, woher der Wind kam. Er gehörte nun zu Rabaul.

Wir hatten am Ankerplatz Glück, dass Nordwind herrschte, der den Rauch des in Sichtweite liegenden Vulkans nach Süden blies. Jeden Tag konnte der Wind drehen. Dann hätten wir wieder den Ruß an Bord, so wie bei der Einfahrt in die Bucht. Nur mit Dutzenden von Wasserpützen konnten wir den Ruß entfernen. Trotzdem saß er noch überall in den Ritzen, und noch Wochen später, als wir Rabaul bereits Hunderte von Seemeilen hinter uns gelassen hatten, entdeckten wir Rußpartikel in verborgenen Ecken des Bootes.

Im Clubhaus des RYC, das am Nachmittag aufmachte und etwas landeinwärts lag, genossen wir ein paar erfrischende Gin Tonics. Natürlich stand auch dieses Gebäude inmitten hochgeschaufelter Aschehügel. Es war mehr Treffpunkt der *Expats* als Jachtclub. Sicherlich, früher, vor 1994, wurde auch hier gesegelt. Aber jetzt kam man hier nur noch zum Sundowner zusammen. In den Tropen fällt dieser etwas kräftiger aus als in unseren Gefilden. Die Mineningenieure, Kaufleute, Techniker, Plantagenbesitzer oder Ärzte geben sich nicht mit einem Bier oder einem Glas Wein zufrieden. Hier gibt es mit Sicherheit keine Verkehrskontrollen, und der Begriff »0,5 Promille« ist ein Fremdwort. Gesprächsthema war ausschließlich die gute alte Zeit, vor dem Vulkanausbruch und vor der Unabhängigkeit, als Papua-Neuguinea noch australisch verwaltet wurde.

In Rabaul und in Papua-Neuguinea ist Tok Pisin, eine englischbasierte Pidgin-Sprache, die offizielle Landessprache. Man brauchte eine Lingua Franca, um sich landesweit verständigen zu können. Dasselbe gilt übrigens auch für die Salomonen. Dort gibt es Inseln von der Größe Rügens, auf denen drei Sprachen gesprochen werden. Allein in Papua-Neuguinea soll es 800 Sprachen geben. Die englischen Wurzeln des örtlichen Pidgin liegen auf der Hand: Ein »Freund«, »Stammesangehöriger« oder »Verwandter« ist zum Beispiel ein *wontok*, weil er *one talk*, dieselbe Sprache, spricht; oder *Yu no ken kam insait* bedeutet: »Eintritt verboten« (*you can not come inside*); das Wort *blong* fällt ständig und bedeutet »von« und stammt natürlich von dem englischen Verb *to belong* ab.

Am nächsten Tag kam auch die *Lapita Anuta* an. Gekonnt segelte Hanneke auf das Ufer zu. Ihre Crew warf punktgenau den Anker, das Boot drehte in den Wind, und nach einer Stunde trafen wir uns mit ihnen im RYC. Sie berichteten von der Insel Watom, von ihrem Aufenthalt, der Gedenkstätte für Pastor Otto Meyer und dem Interesse der Einheimischen an der Lapita-Keramik. Es war ihnen offensichtlich bewusst, dass auf ihrer Insel die ersten Lapita-Keramikstücke vor ungefähr 100 Jahren gefunden worden waren. Natürlich waren sie entzückt, von unserer Expedition zu hören.

Eve hatte Geburtstag, und wir feierten im *Rabaul Hotel*, dem einzigen noch vorhandenen Hotel im Ort, geführt von einem australischen Ehepaar. Die Inhaberin Susie meinte, sie würde hier so lange bleiben, bis ihr die Asche über den Kopf steigen würde. Bisher hatten ihre Angestellten diese fast täglich zur Seite gefegt. Viele Gäste verirrten sich nicht hierher. Eve erhielt ein Geburtstagsständchen auf Deutsch, eines auf Englisch, von den Angestellten eines auf Tok Pisin und von Jean-Pierre eines auf Französisch.

Im Hotel führte ich ein fast einstündiges Gespräch mit Frau von Borries, der zuständigen Redakteurin beim ZDF für die Sendung »Terra X«, über unsere Expedition. Sie hatte erhebliche Zweifel, dass der geplante Film über unsere Reise zustande kommen würde, nachdem sie das Filmmaterial der ersten Etappe gesehen hatte, das wohl nicht befriedigend ausgefallen war. Ich konnte sie überzeugen, dass die Reise trotz aller Schwierigkeiten weitestgehend nach Plan verlief. Noch heute muss ich ihr danken, dass sie ein gewisses Risiko eingegangen war und mir und der Expedition vertraut hatte. Die Dokumentation wurde am 5. 9. 2010 ausgestrahlt – wohl zur großen Zufriedenheit ihrer Redaktion.

Vier Tage erlaubten wir uns in Rabaul. Im ehemaligen Paradies roch es inzwischen nach Hölle! Der Abschied fiel nicht schwer.

4. Etappe der Lapita-Expedition:
VON RABAUL NACH HONIARA

Wir finden »unser Gold«

Unser nächstes Ziel waren die Duke-of-York-Inseln. Ein exotischer Name für ein exotisches Archipel. Genauso seltsam würde heute der alte deutsche Kolonialname klingen: Neulauenburg. Egal, wer die Inseln wie benannt hat, sie befinden sich nur vier Grad südlich des Äquators, und hier roch es nicht mehr nach Schwefel.

Der Archipel besteht aus einer größeren und sechs kleineren bewohnten Inseln und lag auf unserem Weg zu den etwa 300 Seemeilen entfernten Salomonen. Wir hatten bereits in Rabaul bei den Behörden aus dem Land Papua-Neuguinea ausgecheckt, leisteten uns aber dennoch den Abstecher zur Insel Kerawara. Ein australischer Vulkanologe, der bereits seit 15 Jahren in Rabaul den Tavurvur und andere noch schlummernde Vulkane beobachtete, hatte uns informiert, dass er auf Kerawara, der Nachbarinsel unserer Zielinsel Kabakon, Lapita-Keramik bei Spaziergängen gefunden habe.

»Es mag unglaublich klingen«, so versuchte er uns Skeptiker zu überzeugen, »aber die Kokosnusskrabben buddeln die Scherben aus der Erde aus. Man kann sie ganz einfach finden!« Wenn ein Wissenschaftler so etwas berichtet, dann sollte man ihm Glauben schenken. Das wären die ersten Beweise dafür, dass wir mit unserer Expedition auf dem richtigen Weg waren. Ein paar Lapita-Fundstücke in der Hand zu haben, was für eine Verheißung!

Inzwischen hatten sich auf beiden Booten neue Crews ergeben: Auf der *Lapita Anuta* segelten wieder James und Rüdiger mit. Eve und Hanneke bildeten den weiblichen Part der Crew. Auf der *Lapita Tikopia* waren wieder Matt und ich sowie die beiden Neuen, Nada und Hannes. Hannes hatte in Kroatien seine eigene Jacht, daher wusste ich, dass er seefest war. Bei Nada hatte ich meine Bedenken, hatte sie doch kaum Seeerfahrung. Sie ist Tanztherapeutin in Portugal, dadurch sportlich und durchtrainiert, aber ob sie mit den primitiven Bedingungen an Bord klarkommen würde, bezweifelte ich ein wenig. Gerade weil sie keine Segelerfahrung hatte und als Künstlerin gewohnt war, ihre eigenen Wege zu gehen, ohne sich in ein Team einzuordnen, hatte ich meine Bedenken. Schnell verflogen diese. Sie war ein wertvolles Crewmitglied, lernte schnell, Ruder zu gehen und Segel zu setzen, keine Arbeit war ihr zu viel. Sie war eine geduldige und gute Köchin, und das sogar in Anbetracht des schlecht funktionierenden Petroleumkochers und der großen Hitze unter der Sonne des Äquators. Nada wuchs über sich hinaus.

Kaum hatte auch unser Schwesterschiff neben uns vor der Insel Kerawara geankert, kam ein Mann aus der dunklen Nacht in seinem Kanu auf uns zu. Im Nu war er an Bord und stellte sich in perfektem Deutsch vor: »Mein Name ist Harry Hölser. Ihr könnt hier nicht ankern, weil ihr Frauen an Bord habt. Der Platz ist heilig. Frauen sind tabu. Nur initiierte Männer dürfen sich hier aufhalten.«

Zweifelsohne war Harry ein Melanesier. Soweit ich das beim Licht der Petroleumlampe erkennen konnte, vielleicht ein etwas hellhäutigerer. Harry war wohl euphorisiert und sprach ununterbrochen. Sein Vater war Deutscher, seine Mutter Einheimische. Ja, er war auch schon bei Verwandten in

Franken gewesen. Sein Spitzname in Deutschland sei »Jägermeister«. Aber zuerst einmal müssten wir neu ankern – wegen der Frauen!

Als das erledigt war, holte ich eine Flasche Rum aus unserem Vorratsraum und bereitete uns allen einen späten Sundowner. Harry wurde noch gesprächiger, zu verständlich, denn wann hatte er schon mal die Gelegenheit, Deutsch zu sprechen? Mir brannte es förmlich unter den Fingernägeln, ihn nach den Lapita-Fundstücken auf der Nachbarinsel Kabakon zu fragen.

»Ach, das sucht ihr? Kein Problem, die roten Keramikteile liegen da überall herum. Die Krabben sind da drüben so groß wie Teller, die holen die Scherben aus der Tiefe empor. Ich zeige euch das morgen.« Auf diese gute Nachricht hin bereitete ich uns noch einen zweiten T-Punch.

Am nächsten Morgen erwachte jeder früh um sechs Uhr. Wir befestigten das Sonnensegel und bereiteten das Frühstück: Müsli mit Früchten und Nescafé. Für Matt gab es »*a good cup of tea*«. Wir hatten Zeit, uns den traumhaft schönen Ankerplatz anzuschauen, umringt von grünen Inseln und im Nordwesten von einem Riff, an dem sich das Wasser brach. Wir lagen in einer blauen Lagune, schöner als die im gleichnamigen Film! Die Sonne schien, alle Strapazen lagen hinter uns, vor uns die Perspektive, in wenigen Stunden zum ersten Mal Lapita-Keramik in den Händen zu halten.

Nach dem Frühstück kam Harry mit einem Spaten. Er stieg in unser Dingi, und Hanneke, Eve, Nada, Rüdiger und ich fuhren zur Nachbarinsel Kabakon, die nur durch ein flaches Wasser von unserer Insel Kerawara getrennt war.

Die Insel ist unbewohnt, aber viele Insulaner haben hier ihre Gärten und Bäume, also waren morgens schon einige Men-

Woher kamen die Polynesier? Wie navigierten sie? Einheimische Mitsegler wie Caulton unterstützten unsere Expedition mit ihren Natur- und Navigationskenntnissen.

Reichlich ausgestattet mit Bananen, segelten wir unserem ersten Etappen-ziel in Indonesien entgegen.

Blick vom Mast auf das achterliche Schiff.

Das aus gespaltenem Bambus gebaute Überdach erwies sich als idealer
Sonnenschutz.

Nordsee-Schmuddelwetter in der Südsee.

Überall, wo wir an Land gingen, wurden wir freundlich begrüßt. Vor allem Kinder staunten über die *palangis*, die Weißen.

An jedem Ankerplatz suchten wir nach frischem Wasser – und wurden oft fündig, wie hier auf der Insel Vanikolo.

Polynesische Witwe, die einen Kranz aus den Haaren ihres verstorbenen Mannes auf dem Kopf trägt.

Der Katamaran *Lapita Tikopia* unter Segeln beim Probeschlag.

Auf unserer Reise sahen wir viele Vulkane. Der Tavurvur, Papua-Neuguinea, spuckte gerade riesige Lavabrocken.

Im Umkreis von mehreren Kilometern um den Vulkan sahen die Bäume wie versteinert aus.

Oft war es an Bord zu heiß zum Essen, Lesen oder Aufräumen. Dann konnten wir nur noch dösen.

Im *Sorido Bay Resort* auf der Insel Kri – in der Nähe eines der besten Tauch-reviere der Welt – genossen wir eine kurze Auszeit.

Beim *kai kai* saßen wir auf unseren Matten und aßen mit der Hand. Die Speisen wurden in Bananen- und Taroblätter gewickelt.

Auf den Inseln halfen uns oft Einheimische bei der Suche nach Lapita-Keramikscherben …

Immer wieder bestaunten wir die Bootsbaukunst der Insulaner, die – wie hier auf Garove – höchsten ästhetischen Ansprüchen folgt.

… und dabei wurden wir schnell fündig. Auch dank der Kokosnuss-Krabben, die diese Scherben an die Erdoberfläche befördern.

Fast jeder der tropischen Sonnenuntergänge bescherte uns dramatisch
schöne Eindrücke.

Nach 4000 Seemeilen erreichten wir unser Ziel: die Insel Tikopia.

Der Exbischof Tikopias, die vier Häuptlinge und ich bei der Taufe des Boots.

Beim Rundgang um das Boot schwenkte der Exbischof das Weihrauchgefäß.

Mit zahlreichen Tänzen wurde das Tauffest abgeschlossen.

Ankern zwischen tropischen Inseln, Riffen, Lagunen – solche idyllischen Momente entschädigten für die Strapazen der Expedition...

schen unterwegs. Zwischen den beiden Inseln wurde gefischt. Es herrschte eine paradiesische Stimmung, als wir zur Nachbarinsel tuckerten – vorne im Dingi stand Harry mit dem Spaten.

Auf Kabakon angekommen, gingen wir nur einige 100 Meter ins Landesinnere. Ich bemerkte die Fundamente von zwei ehemaligen Steinhäusern und wurde von Harry belehrt, dass diese noch aus deutsch-kolonialer Zeit stammten. Mitten im Busch, keine 100 Meter vom Meer entfernt, fing Harry urplötzlich an zu schaufeln. Es dauerte keine zehn Schaufeln voller Erde, und unser Hilfsarchäologe hatte die erste Lapita-Scherbe in der Hand. »Hier ... und hier noch eine!« In seinen erdverschmutzten Händen hielt er etwas Dunkelrotes, kratzte die Erde ab, und wir erkannten in seiner Hand Muster auf zwei kleinen flachen Scherben. »Das sind eure Lapita-Scherben!«, meinte Harry und lächelte triumphierend. »Die Krabben holen das Zeug nach oben. Sie gehen bis zu einen Meter tief in den Boden und buddeln mit der Erde auch die Scherben hoch.«

Hanneke und ich waren ziemlich aufgeregt, wollten mehr Beweise und fingen selbst mit den Händen an, in der aufgeworfenen Erde nach »unserem Gold« zu wühlen. Wir wählten noch drei andere Stellen, und immer wieder wurden wir fündig. Als sich die Euphorie etwas gelegt hatte, wir an die 20 Scherben mit unterschiedlichem Dekor in Tücher gewickelt hatten, entdeckten wir, auch ohne zu graben, Lapita-Scherben neben den Löchern der Kokosnusskrabben auf der Erde. Der Vulkanologe aus Rabaul hatte recht!

Auf dem Schiff säuberten wir alle Fundstücke und verglichen die unterschiedlichen Muster. Einige erinnerten mich an die Verzierungen auf antiken griechischen Gefäßen. Wie alt mochten sie sein? 2000 bis 4000 Jahre? Waren es Teile ehemaliger Schüsseln, Trinkgefäße, Teller, Töpfe? Und was wäre, wenn sie zu Gefäßen gehörten, die erst vor Kurzem gebrannt worden waren?

Nein, diesen Gedanken verwarf ich. Hatte ich doch in einem Buch von Dr. Dizon, unserem ersten Wissenschaftler an Bord, Keramikscherben von den Philippinen gesehen, die genau das gleiche halbrunde Muster zeigten, wie es einige der Scherben aufwiesen, die wir soeben auf Kabakon gefunden hatten.

Viel schwerwiegender war für Hanneke, James und mich die Frage, ob wir von einer Ausgrabung archäologische Fundstücke mitnehmen durften oder nicht. Nach langer Diskussion kamen wir zu dem Schluss, dass es auf Kabakon so viele Fundstücke ähnlicher Art gab, dass wir uns das ausnahmsweise erlauben dürften, bevor sie vom Regen ins Meer geschwemmt würden.

Wir dokumentierten die Scherben, indem wir sie einzeln fotografierten und Münzen als Maßeinheit danebenlegten. Zum ersten Mal auf unserer Reise hatten wir konkrete Beweise in der Hand, dass wir auf dem richtigen Weg waren: Vor uns waren die Lapita-Leute hier gewesen. Erst später, als wir den Wissenschaftler Prof. Atholl Anderson an Bord hatten, erfuhren wir, dass diese Scherben ungefähr 3000 Jahre alt waren.

Am Abend lag ich in meiner Koje und empfand ein tiefes Glücksgefühl. All die Mühen der Vorbereitung während der letzten zwei Jahre hatten sich gelohnt, ganz abgesehen von den Strapazen der Reise.

Am nächsten Abend war die komplette Crew bei Harry eingeladen. Er hatte ein großes Haus auf Stelzen, mit Wellblechdach und außen liegender Toilette mit Wasserspülung – großer Komfort in diesem Teil der Welt. Harry zeigte ausgeblichene Fotos von seinen Verwandten aus Deutschland. Die

Stimmung war gut, und ich fragte Harry nach den deutschen Ruinen auf Kabakon.

»Ich weiß natürlich nicht viel. Es ist schon 100 Jahre her. Aber auf der Insel lebten ein paar verrückte Deutsche. Sie liefen alle nackt herum und hatten kaum Kontakt mit der Außenwelt.«

Diese Sätze hatte ich in Erinnerung, als ich nach meiner Rückkehr einen Artikel in der »FAZ« las: »Die Retter der Kokosnuss«. Das abgedruckte Schwarz-Weiß-Foto zeigte August Engelhardt im Jahr 1911 mit Bart und Lendenschurz, reichlich ausgemergelt, vor seiner palmwedelbedeckten Schlafhütte auf Kabakon sitzend. Er war der Anführer einer Sonnenanbetersekte, die sich vorwiegend von Kokosnüssen ernährte. Engelhardt wurde zitiert: »Wir leben hier permanent nackt und genießen fast ausschließlich Früchte, vor allem die heilige Kokosnuss. Was sind die Städte: Friedhöfe des Glücks und Lebens, gegen mein palmwedelgeschmücktes, ozeanumbraustes, sonnendurchglühtes Eiland?«

August Engelhardt war als Pflanzer in die damalige deutsche Kolonie gekommen. Er war gebildet, besaß eine Bibliothek, mutierte aber schnell unter dem äquatorialen Einfluss zum sektiererischen Sonnenanbeter.

Die »FAZ« schrieb: »Der Sonnenanbeter hatte die einfache Logik, dass die Sonne göttlich sei. Der Wert aller Dinge wurde nach ihrer Nähe zur Sonne geordnet: Äquator vor Nordhalbkugel, kleiderlos vor bekleidet, Kokosnuss vor Kartoffel. Der Kopf des Menschen galt als gottesnah, der Fuß als unedel. Nur der absolute ›Kokovore‹ – Kokosnussesser – sollte selig werden. Der Kokovorismus verlangte, nur von der Kokosnuss zu leben: die Schale als Brennstoff zu nutzen, die Milch als Flüssigkeit, das Fleisch als Nahrung.«

Engelhardt verlegte damals die Zeitschrift »Für Sonne, Tropen und Kokosnuß«. Er schrieb ein Buch und steigerte sich zu Zitaten wie diesem: »Christus, Mohammed und Buddha, alle stammten aus Sonnenländern.« Engelhardt lockte viele Jünger. Sie folgten ihm, lebten mit ihm auf Kabakon, doch die meisten starben an Unterernährung auf der Insel oder auf der Flucht vor ihm auf dem Wasser.

Unter falscher Flagge

In einem Strom voller Unrat segelten wir gen Osten. Die Duke-of-York-Inseln lagen hinter uns, und das Meer musste in einem riesigen Strudel Zweige, Äste, Bäume und natürlichen Abfall von den großen Inseln gesammelt haben, um nun alles im Kreis herumzuwirbeln. Über Dutzende von Seemeilen bewegten wir uns in diesem schwimmenden Komposthaufen. Es wurde Nacht, und am nächsten Tag war das Meer wieder klar und sauber.

Bei einem Südwestkurs sollte es knapp 300 Seemeilen zur ersten Insel der Salomonen gehen: der Insel Mono. Die Nacht war klar. Wie Weihnachtskugeln hingen die Sterne am Himmel zum Greifen nah, fast dreidimensional. Nada und Hannes waren überwältigt. Hannes machte nachts Überstunden und setzte sich neben Nada, um sie bei der ungewohnten Steuerung zu unterstützen. Beide waren auf ihre Art besonders gute Crewmitglieder. Nada verbreitete stets gute Laune, und Hannes strahlte eine Aura von Ruhe, Erfahrung und Sicherheit aus.

Kaum war der Tag angebrochen, ließ der Wind nach. Wir saßen in der Flaute fest. Der wievielten? Bereits am frühen

Morgen war es saunaheiß. Was immer wir tranken, kam sofort wieder aus den Poren heraus. Pinkeln musste man kaum noch, trotz großer Wasseraufnahme.

Flauten sind schwieriger als Stürme. Denn Stürme vereinen die Crew. Alle haben einen gemeinsamen Feind, den es zu bekämpfen gilt: den Sturm. Bei Flauten ist jeder auf sich allein gestellt. Jeder leidet vor sich hin. Flauten trennen die Menschen. Und schwächen die Mannschaft.

Matt fühlte sich elend. Er hatte ein Geschwür an der Schulter, verursacht durch einen Moskitostich. Es sah fürchterlich aus. Immer wieder drückte er den Eiter mit den Fingern der linken Hand aus. Es war kaum zum Hinsehen. Ständig verband er sich aufs Neue. Er nahm Antibiotika, aber das Geschwür wurde zunächst immer größer. Matt fiel aus. Und das merkte man. Normalerweise war er ein Energiebündel. Ständig war er aktiv: reparierte (meist die beiden Petroleumöfen), sortierte, schrieb Listen, kochte, räumte um (nein, nicht auf), schrieb E-Mails. Nun fehlte seine produktive Unruhe.

Matt ruhte im Schatten des Sonnensegels. Ich wollte ihm einen Gefallen tun, ihn aufmuntern, wusste aber nicht, wie. Wie konnte man jemanden, der *down* ist, wieder *up* bekommen? Ich schaute mir zum ersten Mal auf dieser Reise meine CD-Sammlung an und entschied mich für einen Soundtrack zum Film »*Tango-Lesson*«, Musik, an die ich gute Erinnerungen hatte. Ich baute die kleinen Lautsprecher vor meiner Koje auf Deck auf, schloss den CD-Spieler an und drückte auf Start. Es war ein Volltreffer. Matt: »*That is just what I need.*«

Wie vom Deutschen Wetterdienst vorausgesagt, kam nun langsam Wind auf. Hier, auf hoher See, weit weg von den Einflüssen der großen und hohen Inseln, kam wieder der Nordwestmonsun durch. Wir segelten bei schönstem Wetter, der

Kurs stimmte, die Sonne schien, keine Regenwolken am Himmel, nur ein Hubschrauber. Er kam aus der Richtung der großen Insel Bougainville. Sicherlich saßen dort oben Ingenieure, die in einer der vielen Kupferminen tätig waren. Der Hubschrauber kam runter, änderte seinen Kurs, flog ganz tief über uns hinweg, sodass wir die zwei Menschen in der Kanzel sehen konnten. Sie waren neugierig, welch archaisches Boot sich da aufs Meer hinausgewagt hatte. Natürlich hatten sie Einheimische erwartet und waren wohl umso überraschter, als sie uns entdeckten. Sie winkten, wir winkten, und der Spuk war vorbei.

Zwischen Flauten und Schwachwindphasen kamen wir langsam voran, bewegten uns weg vom Äquator in Richtung Süden. Aber noch waren wir in den sogenannten Doldrums, Gebiete nördlich und südlich des Äquators, in denen leichte umlaufende Winde vorherrschend sind. Die Engländer haben für schlechtes Segelwetter eine wunderbar treffende Redewendung: »*Good sailing is one day out of ten.*« Diesen Satz mussten wir abändern: »Schönes Segeln gab's nur an einem von 100 Tagen!«

Matt hatte Geburtstag, es war der letzte Tag seiner Antibiotikakur. Ihm ging es etwas besser, und er hatte von Schlafmodus auf Lesemodus umgeschaltet. Ich hatte ein dickes Knie, und die Lymphknoten an den Leisten waren ebenfalls geschwollen. Rüdiger war von seiner heimtückischen Tropeninfektion geheilt, auch James ging es wieder besser. Die durchgescheuerten Hinterteile von einigen von uns waren nicht mehr entzündet. Fast jeden von uns hatte es bereits mit irgendeiner Krankheit erwischt. James brachte es auf die Formel: »Wir sollten nicht unter der deutschen Flagge segeln, sondern unter der des Roten Kreuzes!«

Im Niemandsland zwischen Papua-Neuguinea und den Salomonen kochte plötzlich das Meer. Riesige Bonito-Schwärme kamen an die Oberfläche. Sofort waren auch Seevögel da. Wir versuchten, in die Nähe des Schwarms zu segeln, wollten unbedingt einen oder mehrere Bonitos fangen. Natürlich ging keiner an die Haken unserer zwei Leinen. Es war frustrierend.

Wenig später kreuzten zwei Pottwale unseren Weg. So schön das Erlebnis auch war, so glücklich war ich, dass wir von ihnen keine Streicheleinheit erhielten.

In meiner Nachtwache sah ich Delfine ihre leuchtende Planktonspur durchs Wasser ziehen. Sie tauchten zwischen den Rümpfen hindurch, neben den Rümpfen, quer vor uns, hinter uns. Eine Leuchtspur überschnitt die andere. Und immer wieder hörte ich ihr Atmen, dieses Hauchen. Nein, so etwas kann man nicht beschreiben, man muss es erleben. »Nehmt mich mit auf euren Rücken. Nehmt mich mit, und übertragt eure Lust und Freude auf mich ...«, dachte ich.

Das nächtliche Spiel der Delfine empfand ich als Geschenk. Als eine Entschädigung für all die Mühsal mit dem Wetter. Ich hatte fünf Jahre meines Lebens auf dem Wasser gelebt, aber etwas vergleichbar Schönes wie in dieser Nacht noch nie erlebt.

Die nächste Nacht war wieder sternenklar. Ich konnte in meiner folgenden Wache bei Schwachwinden nur Kurs Richtung Osten halten. Dabei orientierte ich mich ausschließlich an den vor mir im Osten aufgehenden Sternen. Das Wort »orientieren« kommt von »Orient«. Schon in den Wüsten Arabiens mussten sich die Menschen des Nachts nach den Sternen richten. Ein weiteres Relikt des Orients sind die arabischen Namen der bekanntesten Sterne: Aldebaran, Beteigeuze, Altair ...

Es war die Neumondphase. Ich wusste, dass bald vor mir im Osten der Mond aufgehen würde. Gespannt schaute ich deshalb auf die Sterne, die meinen Kurs bestimmten, und war völlig überrascht, als plötzlich zwei Pumaaugen vor mir auftauchten. Lichter, die viel größer als Sterne oder auch Planeten waren. Es war, als ob sich eine Raubkatze, nur an ihren Augen erkennbar, über den Horizont erheben würde. Unheimlich! Was war das?

Auf einmal löste sich das Rätsel. Es waren die beiden Enden der horizontal aufgehenden Mondsichel. Wenige Minuten später lag die komplette Silhouette sichtbar vor mir am Horizont.

Am nächsten Tag – dem vierten oder fünften Tag auf See – war das Meer glatt wie eine Glasscheibe. Nichts war zu tun, außer unter dem Sonnensegel zu dösen, zu warten und Musik auf dem iPod zu hören: J.J. Cale, Leonard Cohen, Beethovens Violinkonzert. Zwei Tage und Nächte dümpelten wir in Sichtweite unserer Zielinsel. Kein Wind. Vom Schwesterschiff war seit zwei Tagen nichts mehr zu sehen.

Nada hatte die Wochenzeitung »Die Zeit« mitgebracht. Als ich einen Teil gelesen hatte, fragte ich in die Runde, ob ihn jemand haben wollte. Alle dösten in der Hitze vor sich hin, und ich vernahm ein dünnes »Nee«. Kurz entschlossen entsorgte ich die Seiten hinter mir im Meer (ökologisch einwandfrei!). Nach fünf Minuten tauchte die Zeitung wieder vor uns auf. Wir drifteten bei der Flaute also rückwärts.

Matt und ich schauten uns an. Beide nickten wir fast unmerklich. Das war die Entscheidung, das Dingi mit Außenborder vor dem Katamaran zu befestigen und dann mit der Fünf-PS-Motorkraft die fehlenden 20 Seemeilen bis zur Insel Mono zu bewältigen. Wir beluden das Dingi mit unseren Wasserbehältern, um es schwerer zu machen. Dann startete Matt den

Motor, klemmte die Handsteuerung fest, rastete das Handgas knapp unter Vollgas ein, stieg aus dem fahrenden Dingi an Deck, und mit Fernbedienung fuhr es unbemannt in Richtung Mono. Wir waren reif für diese Insel.

Wenn Fliegen fliegen

Wir kamen beim letzten Büchsenlicht am Ankerplatz direkt vor dem Dorf an, lagen in einer geschützten Bucht und hatten noch mitbekommen, dass die Insel saftig grün, fruchtbar und hügelig war. Am Ufer wurden Feuer angemacht. Überall leuchteten Flammen auf. Lautes Gelächter drang zu uns. Dutzende von Kanus lagen im Dunkeln um uns herum, deren Silhouetten man kaum erkennen konnte. Südsee pur.

Wir waren auf Mono, der westlichsten Insel der Salomonen, angekommen. Unser Ziel waren die östlichsten Inseln der Salomonen, Tikopia und Anuta, die noch 900 Seemeilen entfernt waren.

Inzwischen hatten wir uns angewöhnt, als Erstes den Einheimischen an einem neuen Ankerplatz zwei Fragen zu stellen: Gibt es hier Malaria? Und: Gibt es bei euch Krokodile? Gegen Malaria hatten wir mit Malarone die richtige Medizin an Bord. Gegen Krokodile konnten wir uns nur schützen, indem wir die Einheimischen fragten. Bis jetzt konnten wir ins Wasser springen, uns erfrischen, ohne Angst vor den »Kroks« zu haben. Aber ich hatte noch den Fall eines Schweizer Seglers in Erinnerung, der vor einigen Jahren auf der vor uns liegenden Insel Utupua beim Tauchen nach seinem Anker von einem Krokodil angefallen worden war und dessen toten Körper man erst am nächsten Tag in der Bucht gefunden hatte.

Am folgenden Tag gingen wir mit Geschenken zum Häuptling und baten um Erlaubnis, vor der Insel zu ankern. Er erhielt eine schöne gebrauchte Pfeife aus meiner Sammlung und ein Messer aus Solingen. Auch an Messern besaß ich eine kleine Auswahl, die mir mein Segelfreund Friedhelm zusammengestellt hatte. Messer aus Solingen, »Made in Germany«, haben auf den Salomonen einen besonderen Ruf, so jedenfalls die Legende. Vor 100 Jahren, als auch ein Teil der westlichen Salomonen zum Bismarck-Archipel gehörte (wie auch die Insel Mono), soll es zu einem Showdown zwischen einem englischen Vertreter aus Sheffield (Sheffield Steel) und einem aus Solingen (Stahl aus Solingen) gekommen sein. Beide wollten Macheten verkaufen. Der Häuptling nahm von jedem Vertreter eine Machete und gab sie seinem stärksten Sohn. Er sollte abwechselnd mit beiden Macheten und all seiner Kraft auf einen Felsen schlagen. Nach diesem Test würde man das Ergebnis sehen. Die englische zerbrach, die deutsche hielt.

Inzwischen war auch unser Schwesterschiff mit einem Tag Verspätung eingetroffen. Natürlich schreibe ich mehr über die Dinge, die sich auf unserem Boot, der Lapita Tikopia, abspielten, das ich als Skipper führte. Hanneke, die für das andere Boot verantwortlich war, hatte – genau wie ich – sichtlich abgenommen. Aber sie ist eine Vollblutseglerin, ist auf Booten groß geworden und beherrschte auch den harten, unangenehmen Teil des Segelns gut. Vor ihrem Haus in Truro, Cornwall, liegt ein kleiner Wharram-Katamaran, mit dem sie zu jeder Jahreszeit aufs Meer hinaussegelt. Segeln ist ein Teil ihres Lebens. Ich bin wenigen Menschen in der Segelszene begegnet, die so mit Booten umgehen konnten wie sie.

Ganz großartig nahm auch der 80-jährige James die Herausforderung an. Welcher Mann in seinem Alter traut sich schon die Anstrengungen und Entbehrungen solch einer Expedition zu? Ich kenne keinen. Natürlich brauchte James seinen Ruhetag nach einem längeren Törn, aber danach stand er wieder seinen Mann. Leider hatte er gewisse Schwierigkeiten mit der Nachtsicht und konnte deshalb keine Nachtwachen gehen. Dafür war er tagsüber viel länger am Ruder und glich dadurch seinen Ausfall bei den Nachtwachen aus.

Rüdiger, der auf dem Boot nur Rudi genannt wurde, weil das wohl von den beiden Engländern einfacher auszusprechen war, hatte sein Haar wachsen lassen, sein Bart war drei Wochen alt, und auch er hatte an Gewicht verloren. Er trug inzwischen einen Fohlenschwanz – nein, ein Pferdeschwanz war es noch nicht. Rüdiger sah aus wie unser künstlerischer Berater. Und Eve, unser Küken mit 31 Jahren, die von Etappe zu Etappe verlängerte, war inzwischen eine professionelle Dingifahrerin geworden. Sie, die noch niemals zuvor einen Außenborder bedient hatte, kurvte damit wie ein Profi zwischen Land und Katamaran hin und her.

Die Insel Mono ist bei Seefahrern und Walfängern bekannt für ihr gutes Wasser. Direkt am Ufer der großen Bucht gibt es eine Quelle. Reinstes, erfrischendes Wasser sprudelt hier aus einer Felswand. Auf Dingifahrten füllten wir an dieser Quelle unsere Flaschen. Von 32 großen Vier-Liter-Behältern hatten wir 30 während der heißen Flautentage verbraucht.

Am Nachmittag kam ein Mann mit seinem Kanu und bot mir eine alte Seemannspfeife zum Tausch an, die er vor Jahren bei der Quelle gefunden hatte. Einem Matrosen soll sie hier beim Wasserbunkern aus der Tasche gefallen sein. Sie war weiß, aus Ton gefertigt und zeigte einen Dreimaster, wohl das Schiff des Seemannes. Heute liegt sie in meinem kleinen Wohnungsmuseum.

Ich hörte, dass es einen Mann aus Tikopia namens Tom auf die Insel Mono verschlagen hatte, und stand kurz darauf vor ihm. Auf Polynesisch sprach ich ihn an: »*Tanaka faka Tikopia?*« Tom schaute mich verdutzt an, sah meinen symbolischen Angelhaken an meinem Halsband, den mir der Häuptling von Tikopia, Ariki Tafua, vor 20 Jahren geschenkt hatte, und schickte sich an, mir einen *hongi*, den polynesischen Nasenkuss, zu geben. Sehr zum Staunen von Nada, Matt und Hannes. Letzterer fragte danach, was ich ihm denn für eine Zauberformel gesagt hätte. Tom war ein Mann, den man nicht vergisst. Er hatte Charisma und Würde. Er war äußerst ruhig, wirkte überlegt. Bevor er antwortete, dachte er nach, sagte kein Wort zu viel, keines zu wenig. Wenn er sprach, dann ganz leise auf Englisch. Man musste sich vorbeugen, um ihn zu verstehen. Wir alle waren von ihm angetan.

In den Tropen gilt: Wo der Mensch ist, da gibt es auch Ratten, Kakerlaken und Fliegen. Ist es windstill, kommen die Fliegen auch bis zum Boot. Jeder von uns hatte kleinere oder größere Wunden. Auf die hatten es die Fliegen besonders abgesehen. Selbst wenn Pflaster diese bedeckten, setzten sie sich drauf. Das Pflaster war dann schwarz vor Insekten. Das einzig Gute war, dass sie mit der Dunkelheit verschwanden, sie gaben den Flugbetrieb auf, haben wohl kein Radarsystem, die Dummen. Aber kaum brach der Tag an, waren sie wieder da. Wie Kamikaze-Flieger stürzten sie sich auf den Schlafenden und rissen ihn aus seinen Träumen. Zudecken ging nicht, weil es zu heiß war. So stand man unter Murren auf. Aß ich bei Einheimischen, wedelte immer jemand mit einem Fächer über das Essen, um die Fliegen zu vertreiben.

Es soll Inseln ohne Fliegen geben, aber da, wo der Mensch ist und er vom Fisch lebt, gibt es Fliegen. Wissend, dass wir mit der Fliegenplage leben mussten, hatte ich jedem Mitsegler bereits vor der Expedition gesagt, was der wichtigste Gegenstand an Bord ist: die Fliegenklatsche.

Singing in the rain

Wir verließen Mono, wo wir gutes Wetter gehabt hatten. Wie so oft segelten wir los, und das Wetter wurde schlecht. Ich haderte nicht mehr mit meinem Schicksal. Ich hatte mich mit meinem Los abgefunden, das da hieß, die Reise ist meine *Selat Patientie* – frei interpretiert: mein Weg zur Geduld.

Regen kam also auf. Und was viel schlimmer war, die gefürchteten tiefschwarzen Regenwolken, die garantiert eine Starkwindböe vor sich hertrieben, überholten uns aus Nordwest. Böe, reffen, Regen, ausreffen, Böe, reffen, Regen ... Wir kannten diese Tortur. Das war eher Nordsee (gleich Mordsee) als Südsee!

Nachts mussten wir zwischen den Inseln Simbo und Ranongga hindurch. Die Passage ist keine eineinhalb Seemeilen breit, mit Riffen an beiden Seiten. Die Sicht war miserabel, der Regen knallte auf unser kleines Segel. Wir mussten uns auf die Angaben unseres GPS verlassen. Schon ein kleiner Datenfehler konnte uns zu nahe ans Riff bringen. Und es blieb immer noch die Frage: Wie versetzt uns der Strom? Es regnete, stürmte, und zu unserem Glück blitzte es. Bei jedem Blitz konnten wir für den Bruchteil einer Sekunde eine der beiden Inseln in ihrer Kontur ausmachen. Beide auf einmal zu erfassen und somit die Breite der Passage zu erkennen ging nicht. Dafür dauerten die Blitze nicht lang genug. Also machten wir es so, dass Matt nach Backbord und Hannes nach Steuerbord schaute, während ich steuerte. Aus ihren Angaben ergab sich die Position des Bootes zu den beiden Inseln.

Ich hatte mir diese Etappe ganz anders vorgestellt, dachte, dass wir nun endlich einmal mit gutem Wetter dran wären. Statistisch gesehen, wäre es nun wirklich Zeit für besseres Segelwetter gewesen. Aber nein, auch die Wahrscheinlichkeitsrechnung traf nicht zu! So musste ich mich mit einer alten Volksweisheit zufriedengeben: »Vor dem Hohen Gericht und auf hoher See weiß man nie, wie es ausgeht!«

Am nächsten Tag machte ich im Dunst des Regens ein weißes Segel aus, vielleicht drei Seemeilen nördlich von uns. Einen Rumpf, geschweige denn die Nationale, konnte ich auch nicht mit Fernglas erkennen. Wir waren jetzt vier Monate auf dem Wasser und hatten noch kein weißes Segel gesehen. Ein guter Anlass, mit dem Segler Kontakt aufzunehmen.

Ich rief über UKW auf Kanal 16 an: »*Here yacht* Lapita Tikopia. *Sailing yacht in vicinity to our port side, please come in.*«

Prompt kam die Antwort: »*Here is sailing yacht* Kleiner Bär. *My name is Werner, I am with my wife and two children on board. We are from Brazil.*«

»Werner, bei dem Namen sprichst du bestimmt Deutsch?«, fragte ich ihn.

»Klar doch, ich bin Deutsch-Brasilianer und habe das Boot in Neuseeland gekauft. Wo kommt ihr denn her? Ich sehe ziemlich exotische Segel auf eurem Boot.«

Ich erklärte ihm die Hintergründe unserer Expedition. Eine Frage hatte ich allerdings auch noch: »Wo hast du den *Kleinen Bär* gekauft? Ich kenne nämlich zwei Boote dieses Namens in der Bay of Islands im Norden von Neuseeland. Ist es das Boot von Helmut Hörmann oder von Rainer Koulen?«

»Es ist das Boot von Rainer.«

Ich bedankte mich für das Gespräch, wünschte ihnen eine gute Reise und erzählte ihm noch, dass Rainer auch Mitglied in meinem Verein, dem Düsseldorfer Jachtclub, sei. Da treffe ich am Ende der Welt eine einzige Jacht und kenne sie und ihren Vorbesitzer!

Das Wetter verbesserte sich insofern, als es nicht mehr regnete und die Sturmböen ausblieben. Der Himmel war weiterhin bedeckt. Unseren Treffpunkt auf der Insel Rendova hatte ich wie vor jeder Etappe mit Hanneke vereinbart. Da lag sie, die Südseetraumbucht. An Backbord befand sich ein Dorf, davor Strand, eine Anlegestelle. In der Mitte eine sehr schmale Einfahrt und dahinter die kreisrunde Bucht, fast ein perfektes *hurricane hole*, umsäumt von Palmen. Eghelo Bay heißt die paradiesisch anmutende Bucht.

Auf dem Weg zur Eghelo Bay hatten wir eine Bucht passiert, in der sich das John-F.-Kennedy-Museum befand – auf einem Foto sah es allerdings eher wie eine Art Baracke aus. Der spätere Präsident der USA war während des Zweiten Weltkrieges auf Rendova stationiert. Er kommandierte das Patrouillenboot PT 109, das von dem japanischen Zerstörer *Amagiri* gerammt wurde. Zwei seiner Männer starben. Kennedy wurde schwer am Rücken verletzt, half jedoch einem verletzten Kameraden schwimmend zu einer kleinen Insel, die jetzt seinen Namen trägt. Für diese Tat erhielt er die *Navy and Marine Corps Medal*. Der gleichnamige Film »Patrouillenboot PT 109« war nach dem Krieg ein Blockbuster.

Über Funk dirigierte ich auch unser Schwesterschiff in die Eghelo Bay. Unsere zwei Boote lagen noch nicht lange vor Anker, als Einheimische mit ihren Einbäumen zu uns kamen. Wo kommt ihr her? Was sind das für Boote? Braucht ihr Obst, Kokosnüsse, Früchte? Wollt ihr Schnitzereien?

Nada und Hannes fiel sofort das Wort »paradiesisch« für unseren Ankerplatz ein. Blickte man aufs Meer zurück, sah man die Flaschenhalseinfahrt in die Bucht, am südlichen Ufer das Dorf mit den traditionellen Häusern. Aber ein aufziehendes Gewitter mahnte mich, das Wort »paradiesisch« mit einem deutlichen Tabu zu belegen.

In einem Bach wuschen wir uns und unsere Wäsche. Selbst ein kleines Rinnsal in den Tropen kann kühles Wasser führen und den Körper auf wunderbare Weise erfrischen.

Nicht weit entfernt sahen wir, wie hart die Arbeit »im Paradies« sein kann. Zwei Frauen saßen im Lotossitz vor einem Haufen von Kokosnüssen, die bereits von ihrer zähen, fasrigen Haut befreit worden waren. Sie nahmen eine Kokosnuss, drehten sie ein bisschen, je nachdem, wie sie in der Hand lag, und schlugen mit einer Machete so auf die Nuss, dass sie genau in zwei Hälften zerplatzte. Dann wurde mit einer geschickten Bewegung der Machete das weiße Fleisch der Nuss herausgehebelt und auf einen weiteren Haufen geworfen. Diese vielen Kokosnusshälften kamen zum Schluss auf ein Blech, das aus einem alten Ölfass gemacht worden war. Darunter wurde mit dem fasrigen Außenhautmaterial der Kokosnüsse sowie mit den Schalen selbst ein Feuer gemacht und das Nussfleisch erwärmt. Schließlich kam es in Säcke und wartete auf den Transport zur Hauptstadt, wo es zu Öl, Seife, Margarine, Kosmetik oder Medizin verarbeitet werden sollte.

Viel hatten wir nicht von diesem wunderschönen Ankerplatz, denn es regnete fast ununterbrochen ... irgendjemand summte ständig die Melodie von »Singing in the rain«.

Der Deutsche Wetterdienst hatte Starkwind vorausgesagt. Und die eiserne Seemannsregel heißt: Segle niemals in schlechtes Wetter! Wir froren. Der Dauerregen kühlte die

Körper ab. Hannes hatte sich um seine Füße ein großes Handtuch gewickelt. Jeder verzog sich in seine Koje. Weltuntergangsstimmung.

Wir holten verlorenen Schlaf nach. Gönnten dem Körper eine Pause. Jeder akzeptierte die Kehrseite der Tropen: keine Sonne, keine Wärme, kein blauer Himmel, keine türkisfarbene Lagune, kein weißer Strand.

Und während jeder seinen Gedanken nachhing und träumte, schoss es mir durch den Kopf: mit dem Sonnensegel, das wir zum Wassereinfangen präpariert hatten, die Wasserkanister füllen!

Kommerz in der Südsee

Unser nächstes Ziel waren die Russell-Inseln im Archipel der Salomonen. Gewiss kein typischer Name für eine Inselgruppe in der Südsee. Aber hier lief in den letzten 100 Jahren einiges anders. Die *Lever Brothers*, bei uns besser bekannt unter dem Firmennamen *Unilever*, hatten erkannt, wie wichtig die Kokosnuss für die Industrie war. Eines ihrer erfolgreichsten Produkte, mit Ingredienzen der Kokosnuss hergestellt, heißt *Palmolive*. Auf den Russell-Inseln hatte die Firma *Lever Brothers* bereits vor 110 Jahren riesige Kokosnussplantagen angelegt. Die beiden Hauptinseln bilden eine einzige Plantage. Einige der Bäume sind über 100 Jahre alt. Der Kanal, der die beiden Inseln voneinander trennt, heißt *Sunlight Channel*, bei uns war *Sunlicht*-Seife früher jeder Hausfrau bekannt. Also alles in der Hand von *Unilever*.

Als ich auf meiner Weltumsegelung hier haltmachte, führte mich der letzte Vertreter von *Lever Brothers* durch den Hauptsitz in Yandina. Hier gab es einen Kai für die Boote, Häuser für die meist australischen Mitarbeiter (die einheimischen Arbeiter wohnten weiter außer Sicht), eine Grasnarbe für kleinere Flugzeuge und einen Neun-Loch-Golfplatz mit Vereinshaus, Pool und Kino. Mein Führer erklärte, dass hier einmal 24 Expats gearbeitet hätten, er sei der Letzte. Schon vor 20 Jahren sah alles ziemlich heruntergekommen aus oder, positiv ausgedrückt: Es hatte den morbiden Charme eines von den Tropen angenagten Country Clubs.

Unser Ziel war nicht der kleine Hauptort Yandina, sondern die Siedlung meiner Freunde von der Insel Tikopia namens Nukufero. Nukufero ist auch der alte Name Tikopias. Besonders nach dem Zweiten Weltkrieg zogen viele Einwohner von Tikopia nach Nukufero, angezogen von der Möglichkeit, bei den Lever Brothers auf den Palmenplantagen Geld zu verdienen.

Die Insel Tikopia kann eine bestimmte Einwohnerzahl ernähren. Steigt diese Zahl über circa 1400 Menschen, müssen einige Familien die Insel verlassen. Dafür gibt es drei größere Siedlungen: Muruvai auf der 110 Seemeilen entfernten Insel Vanikolo ist eine Hunderte von Jahren alte Siedlung; die größte Ansiedlung von Tikopianern heißt Nukukaisi auf der großen Insel Makira (früher: San Cristobal); die neueste Siedlung ist Nukufero, die wir nun angelaufen hatten.

Die 120 Seemeilen lange Fahrt von Rendova zu den Russell-Inseln brachte ein neues Phänomen mit sich. Die Reise war wieder einmal stürmisch. Die See war aufgepeitscht, aber die Wellen kamen nicht aus einer, sondern aus zwei sich kreuzenden Richtungen. Wasser peitschte gegen die Rümpfe, und es kam sowohl von der Backbordseite über das Boot als auch von der Steuerbordseite, sogar von unten. Wasser kam von allen Seiten. Nur nicht von oben – es regnete nicht, trotzdem waren wir mal wieder pitschnass. Ein Blick auf die Seekarte machte mich auf einmal hellwach: Etwas südlich von unserer Position stand zweimal »Submerged Vulcano« (Unterwasservulkan). Ob die an den Kreuzseen schuld waren?

Mit günstigen achterlichen Winden segelten wir in die nach Westen hin offene große West Bay, von der nach Süden zwei kleinere Buchten abgehen. Ich beging den Fehler, die Siedlung in der zweiten Bucht zu vermuten. Wir segelten also an der richtigen Bucht vorbei, schauten in die zweite Bucht gen Süden und sahen keine Siedlung. Kurz entschlossen, denn es wehte heftig von achtern, entschied ich mich, vor einem Dorf an Backbord zu ankern. Allerdings der Gefahr ausgesetzt, dass wir auf Legerwall lagen, denn der Wind blies direkt auf unseren ungeschützten Ankerplatz. Schlimmstenfalls – hätte der Anker nicht gehalten – hätte der Wind uns auf das sehr nahe Ufer drücken können. Die Nacht brachte viele Sturmböen und wenig Schlaf. Aber der Anker hielt.

Am nächsten Morgen wollten wir die wenigen Seemeilen zurücksegeln, um nach Nukufero zu gelangen. Aber wie sollten wir das schaffen? Der Wind kam in Böen direkt aus Westen, daher, wo wir hinwollten. Wir warteten eine Phase mit weniger Wind ab, setzten das kleine Sturmsegel und gingen Anker auf, hoch am Wind segelnd. Wir sahen die dunkle Regenwand auf uns zukommen, doch vorher traf uns eine starke Böe. Die Wellen hatten sich längst aufgebaut, und wir kamen bei dem Starkwind nicht dagegen an. Umkehren, Anker werfen, abwarten!

Wir entschlossen uns danach, den Katamaran mit dem Dingi abzuschleppen. Als Stützsegel setzten wir wieder das Sturmsegel. Wir hatten einen Moment ohne Böen abgewartet, als wir Anker aufgingen, aber kurz vor der Huk, hinter der es in die Bucht ging, kam wieder eine schwarze Wolke. Der kleine

Außenborder schaffte es nicht mehr gegen Wind und Wellen. Noch schlimmer: Wir wurden an das ufernahe Riff gedrückt. Die Korallenblöcke lagen in dem kristallklaren Wasser unter uns, zum Greifen nahe. Vor uns und neben uns brechendes Wasser. Was nun? »Anker runter!«, schrie ich, und wenige Sekunden später ging ein Stoß durchs Schiff. Waren wir aufgesessen? Nein, der Anker hatte gehalten, und das Boot ruckte an der Ankertrosse.

Jetzt kam die Regenwand. Man konnte kaum noch den Bug erkennen. Es blies, und alles um uns herum war grau. Als auch diese Böe vorbei war, rief ich Hanneke über UKW an und bat darum, mit einem Motorboot aus Nukufero abgeholt zu werden. Eine Stunde später kam ein offenes Banana-Boat (salomonische Einheitsklasse) mit starkem Außenborder und schleppte uns zum nur eine Seemeile entfernten Nukufero ab. Vor einer Stunde hatten wir noch gegen eine Havarie auf einem Riff gekämpft, jetzt ankerten wir windgeschützt neben unserem Schwesterschiff. Untergang und Rettung lagen ganz dicht nebeneinander.

Sicherheit versprach das allerdings noch nicht. Beim Schiffklarmachen regnete es mal wieder. Es war glatt an Deck, ich rutschte aus und verletzte mich an der Lippe, das Blut lief mir nur so runter. Danach muss ich ausgesehen haben wie ein Boxer. Allerdings wie einer in der untersten Gewichtsklasse.

Die Menschen von Nukufero bereiteten für den nächsten Abend ein Festessen mit Tanz für uns vor. Die Gesellschaft *Lever Brothers* hatte den Tikopianern, die auf ihrer Heimatinsel in schönen, luftigen und großen palmwedelbedeckten Hütten gewohnt hatten, Betonhäuschen gebaut. Grau, klein, hässlich. Die Menschen arbeiteten hier in einer Art Kooperative auf den Plantagen. Ein Mann namens Mark war der *Supervisor*, der

Aufseher und Chef. Zurzeit, klärte er uns auf, sei Streik. Die Menschen hatten also Zeit, gingen in ihre Gärten, ernteten Gemüse und Früchte und bereiteten das Essen für das große Fest vor.

Inzwischen hatten wir erfahren, dass in der Bucht vor geraumer Zeit ein Mädchen von einem Krokodil getötet worden war. Die Männer hatten daraufhin Jagd auf diese bis zu vier Meter langen Reptile gemacht. Sie suchen sie tagsüber in Sumpfgebieten auf, locken sie mit Frischfleisch aus ihren Verstecken und töten sie dann mit Speeren aus Moniereisen. Im Jahr zuvor hatten sie 20 Krokodile getötet. Die Kopfskelette sah man ab und zu beim Gang durchs Dorf. Als sich bei unserer Abreise der Anker verhakte und nicht mehr hochzuziehen war, tauchte John ins Wasser und befreite ihn von einem Hindernis. Auf meine Frage, ob er denn keine Angst vor den Krokodilen habe, antwortete er grinsend: »No danger in daytime!«

Am späten Nachmittag trafen wir uns alle im großen Kopraschuppen, der mit einem Wellblechdach überdeckt war. Das war gut so, denn es schüttete von oben. Das ganze Dorf war anwesend. Die Familien setzten sich auf Matten auf den Betonboden und breiteten das mitgebrachte Essen aus. Wir wurden gebeten, auf einer Bank Platz zu nehmen. Vor uns stand ein Tisch mit verschiedenen Speisen, säuberlich auf einer Tischdecke ausgebreitet.

Neben uns standen Jugendliche mit ihren Musikinstrumenten. Es waren Bambusrohre mit einem Durchmesser von etwa zehn Zentimetern, die zusammengebunden waren und wie riesige Panflöten aussahen. Für verschiedene Tonlagen gab es unterschiedlich große Rohre. Sieben junge Männer bedienten die Instrumente, indem sie mit den Sohlen alter Flipflops auf die Öffnungen der unterschiedlich langen Rohre schlugen.

Außerdem gab es Bässe, in deren große Öffnungen hineingeblasen wurde.

Inzwischen waren wir alle mit Kränzen der heiligen Kurkumapflanze dekoriert worden. Nach einer Musikpause erfolgten die Ansprachen. Zuerst sprach Mark in einer sehr emotionalen Rede über unsere Boote, bedankte sich für die Geschenke (gebrauchte Brillen und Pfeifen sowie viele T-Shirts mit dem Logo unserer Expedition) und segnete zum Schluss die Speisen. Danach sprach James über den historischen Hintergrund der Boote. Ich begrüßte die Extikopianer mit ein paar polynesischen Worten und bedankte mich für die warmherzige Aufnahme. Danach sprachen noch Hanneke und auch Nada, die sich ganz spontan dazu entschlossen hatte.

Das Büfett war eröffnet. Es gab Kassava, mit Kokosnussmilch zu einem Brei verrührt, das Gleiche mit Taro, außerdem Schweineragout, gebratenes Huhn, Reis, Nudeln, Bananen und Papayas.

Nach dem Essen begann die Musik, die sofort die Herzen aller öffnete. Die Musikstücke waren sehr kurz, denn den Bläsern ging schnell die Luft aus. Sofort fingen die Kinder an zu tanzen. Und kurz danach tanzte auch der 80-jährige James mit Hanneke, dann Nada und schließlich die ganze Crew mit einheimischen Frauen und Männern. Es wurde eine Mischung aus polynesischem Volkstanz und westlichem Diskofox. Natürlich konnten die Berufstänzerin Nada und die einheimischen Frauen das am besten.

Irgendwann stand Mark neben mir und überreichte mir ein Halsband, daran hing ein Herz aus Perlmutt. »Das ist für dich!«, meinte er. Ich hatte dieses Schmuckstück am Tag unserer Ankunft bereits bei einem alten Mann gesehen, der schweigsam im Hintergrund saß. Ich entdeckte ihn jetzt bei der Feier, setzte mich irgendwann neben ihn und gab ihm eine meiner gesammelten gebrauchten Pfeifen. Wir rauchten schweigsam nebeneinander. Wir waren beide glücklich.

Später, auf dem Heimweg durch den strömenden Regen, fragte ich Mark, weshalb der alte Mann mir das Halsband geschenkt hatte. »Nun, die Älteren wissen, was du für Tikopia getan hast. Die wissen, dass die neue Krankenstation von dir stammt.« Das Halsband war also das späte Dankeschön für eine Tat, die viele Jahre zurücklag – typisch polynesisch!

Als ich nachts aufwachte und an Deck ging, sah ich regen Betrieb am Ufer, konnte aber nicht ausmachen, was genau vor sich ging. Eine Stunde später hörte ich Geräusche an Deck und war sofort zur Stelle. Polynesier hatten mehrere Plastikschüsseln in der Hand und waren im Begriff, diese an Deck zu stellen. »Das ist Fleisch für euch, wir haben eben noch für eure Reise ein Kalb geschlachtet.«

5. Etappe der Lapita-Expedition:
VON HONIARA NACH NDENI

Unter der Regie des Filmteams

Anstatt die kurze Passage nach Honiara, Hauptstadt der Salomonen, in einem Tag zu bewältigen, brauchten wir drei Tage. Wir hatten wieder einmal Flaute. Das Wetter war erneut gegen uns. Meine Nerven lagen blank. Konnte denn nicht einmal eine Etappe normal und günstig verlaufen? Nein, offenbar war das unmöglich! Klar, ich befand mich ja auch auf meiner *Selat Patientie*, meinem Weg zur Geduld.

In Honiara wartete das Filmteam auf uns. Der Produzent Hennes Grossmann, die zwei Kameramänner Philip Flämig und Ingo Isensee, Toningenieur Manuel Wilhelm und Regisseur Werner Kiefer hatten nur eine Woche Zeit, die Flaute hingegen konnte noch tagelang währen. Kurz entschlossen charterte Hennes deshalb ein offenes Sportfischerboot mit zwei 250 PS starken Außenbordern und kam uns von Honiara aus zum nördlichen Kap der Insel Guadalcanal entgegen, wo wir herumdümpelten. Beide Boote wurden hintereinander in Schlepp genommen. Es flogen kalte Bierdosen zu uns herüber, und ab ging die Fahrt zum *Point Cruz Yachtclub* in Honiara. Hier hatte ich vor 20 Jahren meinen 50. Geburtstag gefeiert. Auch mit kaltem Bier, denn das ist in den Tropen zweifellos der beste Durstlöscher.

Nach jeder Etappe waren wir ausnahmslos erholungsbedürftig. Grund waren weniger die körperlichen Anstrengungen, die Segelmanöver oder das Leben an Bord. Nein, es waren

die inneren Anspannungen, hervorgerufen durch das stets un-
günstige Wetter und die dadurch verursachten Verspätungen.
Ich glaube jedoch, dass das tropische Klima auch ein Grund
für unsere Erschöpfung war. Wir hatten uns einfach zu viel zu-
gemutet. Kaum an Land angekommen, hieß es immer Pro-
gramm machen: einkaufen, Besichtigungen, Wasser bunkern,
Behördengänge, Gespräche mit den Einheimischen, Einladun-
gen nachkommen, Abstimmung der nächsten Treffpunkte –
es herrschte nie Ruhe, immer Aktion. So erst recht in Honiara.
Hier wurde es richtig hektisch, und die eine Woche, in der das
Filmteam uns zur »Arbeit trieb«, war die wohl anstrengendste
der gesamten Reise.

Nada und Hannes verließen uns, Eve setzte die nächste
Etappe aus, kam aber später wieder dazu. Fünf neue Crewmitglieder kamen in Honiara an Bord: Jamie Wharram, der 25-jäh-
rige Sohn von Hanneke und James; Tulano Toloa, ein Polynesier von den Tokelau-Inseln im Pazifik, der damals in
Neuseeland lebte und auf unserer Expedition für Naturnavigation sorgen sollte; Caulton Koriga, ein Polynesier von der Insel
Anuta, der in Honiara studierte und später Lehrer auf seiner
Heimatinsel werden wollte; Prof. Keith Dobney, Molekularbiologe aus England, Kollege von Dr. Greger Larson, der uns
bereits auf der ersten Etappe verlassen hatte; beide forschten
und lehrten an der *Durham University* und waren bei uns für die
DNA-Analysen der Tierproben zuständig; Prof. Atholl Anderson, gebürtiger Neuseeländer, zuletzt Professor an der *Australian National University*, Canberra; er gilt als Kapazität auf dem
Gebiet der Besiedlungsgeschichte der pazifischen Inseln.

Die verbleibende Arbeitszeit von fünf Tagen war knapp kal-
kuliert für das Filmteam. Hennes und Werner organisierten
alles für den Dreh. Dieser sollte auf den nahen Florida-Inseln

stattfinden, die seit dem Zweiten Weltkrieg, als hier Amerikaner und Japaner kämpften, so heißen. Der Meeressund zwischen Honiara und den Florida-Inseln heißt heute *Ironbottom Sound*, denn die Wracks von abgeschossenen Flugzeugen und Kriegsschiffen liegen zu Hunderten am Meeresboden, ein beliebter Spot für Taucher aus aller Welt. Der Kampf bei Guadalcanal ist als eine der blutigsten Schlachten in die Kriegsgeschichte eingegangen, vergleichbar mit der Schlacht von Stalingrad zwischen Russen und Deutschen. Die Japaner waren auf dem Weg nach Australien, wollten nach ihrem Angriff auf Pearl Harbor, Hawaii, den ganzen pazifischen Raum unter ihren Einfluss bekommen. Die Amerikaner mussten sie hier stoppen, um das zu verhindern. Beide Kriegsparteien erlitten hohe Verluste, wenn auch die Amerikaner aus dieser Schlacht im Februar 1943 als Sieger hervorgingen.

Wegen der vielen Taucher, die Honiara besuchen, war es nicht schwierig, ein schnelles Boot für die Filmcrew zu finden. Daneben wurde noch ein Taucherteam mit eigenem Boot für die Unterwasseraufnahmen gebucht. Für die Aufnahmen aus der Luft organisierte Hennes den einzigen zur Verfügung stehenden Hubschrauber des Landes.

Kaum war das Filmteam in der Südsee angekommen, hatte sich die graue Wolkendecke verzogen. Blauer Himmel war das schönste Geschenk für die Kameraleute. Denn ohne Sonne keine Südseeaufnahmen!

Zwischen dem 7. und dem 11.2.2008 lagen beiden Boote nachts vor dem *Maravagi Resort* auf der Insel Mangalonga, keine 35 Seemeilen von Honiara entfernt. Von hier aus machten wir kleine Törns aufs Meer, zu den nahen Inseln, Lagunen und Riffen. Vom Hubschrauber aus filmte Kameramann Philip, der, fest angebunden, an der Seitenöffnung hing.

Ständig erhielten wir neue Angaben, wohin wir segeln sollten: aufs Meer, ganz nahe an die Insel, dann zur türkisfarbenen Lagune. Ich meldete über UKW, dass wir nur noch einen
Meter unter dem Kiel hätten. »Bitte noch näher an Land! Die
Aufnahmen sind geil!«, kam es vom Regisseur zurück. Ich
erlebte nun live, wie es beim Dreh hieß: *Take two, Take three,
Take four* ...

Irgendwann bog der Hubschrauber ab, verschwand hinter
einer Insel. Man hörte ihn nicht mehr. Dann, wie in dem
Film »*Apocalypse Now*«, donnerte er über den Gipfel der Insel,
kam, die Sonne im Rücken, zwischen zwei Palmen auf dem
Hügel hindurch auf uns zu. Es war schon aufregend, vom Boot
aus zuzuschauen, wie musste es erst im Cockpit und mit der
Kamera gewirkt haben. Immer neue Kurse mussten wir segeln,
dazu das hämmernde Geräusch der Rotorblätter, so ging es
stundenlang. Das Problem war die schwache Brise. Der meiste
Wind entstand durch den Hubschrauber.

Erst als der gecharterte Knattermax nach Honiara zurück-
flog, trat Ruhe ein. Jetzt wurde jedem auf den Booten bewusst,
welch martialischen Lärm Hubschrauber verursachen.

Am folgenden Tag kam das Taucherboot, und die Unterwasseraufnahmen wurden gemacht. Wir mussten über eine kleine
rote Boje segeln. Unter dieser Boje, in etwa fünf Meter Tiefe,
befand sich das Taucherteam mit Kameramann Philip. Die
Boote sollten gegen das Sonnenlicht von unten gefilmt werden. Was sich so einfach anhört, war für alle Beteiligten anstrengend. Denn Wind und Strom, der zwischen den Inseln je
nach Gezeiten unterschiedlich stark sein kann, machten uns
die zielgenaue Ansteuerung der roten Boje sehr schwer.

Am dritten und vierten Drehtag wurden Aufnahmen von
den Booten zwischen Inseln, vor Palmen, vor weißen Strän-

den, von Inselhügeln, über türkisfarbenes Wasser, hinter Riffen gemacht. Alles sehr zeitaufwendig, denn die Boote wollten nicht dahin, wo die Regie sie hinbeorderte. Segelboote lassen sich eben nicht wie Autos dirigieren. Der Himmel war blau, und abends hatten wir alle das Gefühl, zu viel Sonne abbekommen zu haben.

Aber auch an Land ging die Arbeit weiter. Hanneke, James und ich wurden separat vor der Kamera interviewt. Jeder sollte seine Sicht der Expedition vortragen. Ich glaube, im Namen von uns dreien sagen zu können, dass diese Aufnahmetage noch anstrengender waren als eine Woche auf See bei den üblichen Wetterbedingungen.

Nach den Filmtagen segelten wir nach Honiara zurück, wo uns das Filmteam verließ. Wir lagen wieder vor dem *Point Cruz Yachtclub*, mehr ein Gesellschaftsverein mit regelmäßigen Bingo-Abenden. Aber auch Jollen und Optimistenboote lagen neben dem Club. Das im traditionellen Stil gebaute Clubgebäude lag direkt am Wasser, mit Dingisteg, an dem die wenigen Fahrtensegler ihre Beiboote festmachten. Vor dem Club befand sich der nach Norden hin völlig ungeschützte Ankerplatz.

Ich besuchte das *Met Office*, die Wetterstation der Salomonen, und erbat, jeden Tag einen Wetterbericht per E-Mail zu erhalten, besonders in Hinsicht auf mögliche Zyklonwarnungen, denn wir waren mitten in der Zyklonzeit. Ein Team kaufte währenddessen im Supermarkt ein, zwei andere auf dem Markt, und ein viertes suchte nach Ersatzteilen.

Ich hatte noch einen guten alten Bekannten in Honiara, den deutschen Konsul Gerald Stenzel, der mir beim Ein- und Ausklarieren in den Staat der Salomonen half. Er leitet die *Tradco Shipping Company* und hatte mir oft geholfen, wenn es darum ging, Pakete mit Medizin und anderes nach Tikopia zu schaffen. Besonders behilflich war er beim Wiederaufbau der im Jahr 2003 vom Zyklon zerstörten Krankenstation auf Tikopia. Seine Firma organisierte den Transport des Baumaterials. Zusätzlich steuerte er zu den Geldern meines Vereins eine norwegische Staatsspende bei, die sehr dazu beitrug, den Bau der Krankenstation zu ermöglichen.

Bevor wir Honiara verließen, waren wir noch zu einem Fest eingeladen, das die Gemeinschaft der in Honiara lebenden Tikopianer und Anutaner für uns organisiert hatte. Am Abend kamen viele Menschen, die auf unseren Zielinseln geboren waren, in den Club. Höhepunkt war eine Tanzgruppe, bestehend aus jungen Männern aus Tikopia, die in traditionellen Lendenschurzen mit Frangipaniblütenkränzen und mit Bemalung aus Kurkuma auftraten. Sie tanzten und tanzten und tanzten. Es gab tosenden Applaus.

»Seeleute und Schiffe vergammeln in Häfen«, so die alte Weisheit. Es war Zeit, uns von dem kühlen Bier, dem preiswerten Essen, den Annehmlichkeiten des Jachtclubs zu trennen. Am nächsten Morgen verloren wir die Stadt Honiara langsam aus dem Blickfeld, als wir bei anfangs günstigen Winden gen Südwesten zur ebenfalls großen Insel Makira segelten, wo die zweite Siedlung von Tikopianern liegt.

Nur noch dem Ziel entgegen

Auf einmal breitete sich ein ganz neues Gefühl an Bord aus: Wir segelten dem Ziel entgegen! Sicherlich, es waren noch Hunderte von Seemeilen zu bewältigen, aber was ist das schon bei bereits über 3000 Seemeilen im Kielwasser.

Mit der Hauptstadt Honiara hatten wir auch die Zivilisation hinter uns gelassen. Vor uns gab es keine Supermärkte mehr, keine Möglichkeit, Ersatzteile zu kaufen. Wenn auch Honiara mehr eine Stadt der »Vierten« als der Dritten Welt ist, konnte man dort doch einiges erwerben, was unseren bescheidenen Bedürfnissen gerecht wurde.

Die Fahrt zur 150 Seemeilen entfernten Siedlung Nukukaisi auf Makira verlief wegen schwacher Winde langsam, aber ohne Zwischenfälle. Ich hatte Rüdiger, Matt, Tulano und den Wissenschaftler Keith an Bord. Auf dem anderen Boot waren Hanneke, James, ihr Sohn Jamie, Caulton, Kameramann Ingo und Atholl. Die Katamarane, mit vier Schlafkojen ausgestattet, waren also überbelegt.

Die Wissenschaftler sorgten für neuen anregenden Gesprächsstoff. Sie unterhielten uns mit ihrem Fachwissen und brachten immer wieder neue Aspekte unserer Expedition zur Sprache. Stundenlang konnten wir die verschiedenen Theorien der spannenden Besiedlungsgeschichte des Pazifiks diskutieren. Kamen die Polynesier tatsächlich auf dem von uns gesegelten Weg in den Pazifik? Oder hatten sie vielleicht eine ganz andere Route über die nördlich vom Äquator gelegene Inselwelt Mikronesiens gewählt? Und immer wieder kamen wir auf die Untersuchung zurück, die Keith und sein wissenschaftlicher Kollege Greger über das Urschwein der Polynesier veröffentlicht hatten. Keith erzählte, dass viele Archäologen angenommen hatten, dass die domestizierten Haustiere und Kulturgüter, die sie als »Paket« verstanden und mit den ersten pazifischen Siedlern verbanden, vom gleichen Ort stammten und als eine Einheit in den Pazifik transportiert worden waren. Unsere Studie zeigte, so Keith, dass diese Annahme zu einfach ausfiel und dass die einzelnen Elemente dieses Pakets – einschließlich der Schweine – wahrscheinlich verschiedene Wege über den südostasiatischen Archipel genommen hatten, bevor sie den Pazifik erreichten.

Das hieße demnach, dass es nicht nur den einen direkten Weg der Migration gegeben haben konnte, also den, den wir jetzt nachsegelten, sondern auch Abzweigungen über ganz andere südostasiatische Inseln. Uns brauchte das nicht an unserer Route zweifeln zu lassen, waren wir doch sicherlich auf dem richtigen, wenn auch nicht dem einzigen Weg.

Vor der Insel Makira angekommen, ankerten wir in einer sehr gut geschützten Bucht, die die Form eines Hufeisens hatte. Vor dem Dorf Nukukaisi konnten wir leider nicht festmachen, zu stark standen dort die Brandung und der Wind. In unserer Bucht gab es ein paar Häuser, in denen ein melanesischer Häuptling und sein Klan wohnten. Mit einer besonders schönen Pfeife erwarb ich das Recht, in »seiner Bucht« zu ankern. Es gab eine Landstraße aus Geröll zur circa fünf Kilometer entfernten Siedlung der Tikopianer. Die erstaunlich gute Straße hatten Philippiner gebaut, die weiter entfernt die Rodung von Edelhölzern betrieben, eine der Ressourcen der Salomonen.

Am nächsten Tag gingen wir bei tropischer Hitze den Weg zum Dorf Nukukaisi. Es sind nur fünf, aber gefühlte 20 Kilometer! Der Schweiß lief uns allen von der Stirn. Kurz vor dem Dorf kam mir mein alter Freund Charly Peretasi völlig überraschend entgegen, der wohl per Kokosnusstelegrafie über unsere Ankunft informiert worden war. Wir hatten uns das letzte Mal vor zwölf Jahren auf Tikopia gesehen, als wir mehrmals die Woche am Riff getaucht waren. Er war wesentlich jünger als ich und damals schon ein ausgezeichneter Taucher, der mit der *Hawaiian Sling*, einem Stahlspeer mit Gummizug, jedes Mal Dutzende von Fischen aus dem Wasser holte. Außerdem war er immer gut gelaunt, ein Spaßvogel und sah auch gut aus: groß, muskulös und schlank. Schlank war er nun jedoch nicht mehr.

Die Ehe, das regelmäßige Essen – der gute Charly hatte zugelegt. Aber das ist bei vielen Polynesiern zu beobachten. Fast alle Speisen werden mit Kokosnussmilch gemacht, die sehr kalorienreich ist. Nach den Jugendjahren, in denen Polynesier nach unserer Schönheitsvorstellung gut aussehen, neigen sie dazu, leicht in die Breite zu gehen. Das wiederum hat auch bei ihnen Tradition, denn in der polynesischen Hierarchie gelten – wie auch in anderen Kulturen – große, stark gebaute Menschen als etwas Besonderes.

Charly führte uns zu seinem Haus am Ende des großen Dorfes. Auf dem Weg dorthin tauschten wir alte Geschichten aus. Seine Frau bewirtete uns mit großer Gastfreundlichkeit. Ich machte ein paar Fotos von Ingo, Rüdiger, Keith und Matt und sah erst später, wie müde und erschöpft sie aussahen. Wie musste ich erst ausgesehen haben, war ich doch mit Abstand der Älteste.

Am nächsten Tag war ich allein an Bord. Charly hatte meine Mitsegler in seinem Banana-Boat mit 35-PS-Außenborder zu den Three-Sisters-Inseln mitgenommen, wo Keith und Matt neue Tierproben für die späteren DNA-Analysen sammelten. Anschließend wurde Keith in Kirakira, dem Hauptort von Makira, abgesetzt, wo es einen kleinen Flugplatz gibt.

Ruhe herrschte an Bord. Ich empfand die Stille als etwas ganz Besonderes, etwas lang Entbehrtes. Es gab einmal vor über zehn Jahren einen bemerkenswerten Essay von Hans Magnus Enzensberger im »Spiegel«. Darin schilderte er den neuen Luxus. Nicht teure Outfits, Edeluhren, Schmuck, Pelze, große

Limousinen, Zweitwohnungen in St. Moritz oder St. Tropez seien noch das Maß von Luxus, sondern ganz andere Parameter: Zeit, Gelassenheit, Ruhe, Besinnung. Nun, da lag ich im Trend. Zum ersten Mal genoss ich es, allein zu sein, schweigen zu können.

Polynesier lieben es, zu tanzen, zu singen und Geschichten zu erzählen. Da es keine polynesische Schrift gab, wurden stets Geschichten von Abenteuern, Vorfahren, vom Meer oder von Streitigkeiten und Kriegen zum Besten gegeben. Sicherlich boten unsere beiden Boote Inhalt für viele weitere Geschichten. Aber bevor die Menschen von Nukukaisi unseren Berichten lauschen würden, sollte getanzt und gesungen werden. Der Festplatz befand sich direkt am Meer, auf einer Wiese im Schatten großer alter Tamarindenbäume. Die Brandung rauschte, das Meer leuchtete, der Wind kühlte. Einen schöneren Ort konnte man sich nicht vorstellen.

Noch bevor die Feierlichkeiten begannen, wurden wir mit Kränzen der heiligen Kurkumapflanze dekoriert. Anders als in der ersten Siedlung der Tikopianer, in Nukufero auf den Russell-Inseln, wo die Feier unter einem Wellblechdach bei strömendem Regen stattfand, war in Nukukaisi schönstes Wetter. Traditionsgemäß brachten alle Familien ihr Essen mit. Man setzte sich auf seine Matten und begann im Schatten der Bäume mit dem Essen.

An dieser Stelle sei erwähnt, dass Polynesier Humor haben. So fragt einer ihrer Witze nach dem Unterschied zwischen essenden *palangis* und essenden Polynesiern. Antwort: Ein *palangi* isst, bis er satt ist, ein Polynesier so lange, bis er einschläft.

Wir wurden wunderbar mit *kai kai* bewirtet, saßen auf unseren Matten und aßen wie alle mit der Hand. Es gab Hühnchen, Tarobrei mit Kokosnussmilch, Papayas in Sagopalmstärke, gereicht in halben Kokosnussschalen, Süßkartoffeln und Maniok (auch Kassava genannt).

Nach dem Essen wurden aus Schulheften Seiten herausgerissen, die als Zigarettenpapier dienten und, mit Tabak gefüllt, zu riesigen Zigaretten gedreht wurden. Andere kauten Betelnuss. Mütter stillten ihre Babys. Kinder staunten über die *palangis*. Wasser wurde gereicht, Kokosnüsse geöffnet.

Danach wurden von beiden Parteien Reden gehalten. Man berichtete uns, wie wichtig es sei, die Traditionen aufrechtzuerhalten, und wie stolz man sei, dass wir dies in die Tat umgesetzt hätten. Man bewundere uns. Auch James berichtete über den Bau der Boote und über die großen nautischen Errungenschaften des polynesischen Volkes. Ich sprach sie mit »*laui tefatea suomi*« (»Guten Tag, liebe Freunde«) an, berichtete von der Reise, bedankte mich für die große Gastfreundschaft und für die Segnung der Speisen, die immer bei solchen Gelegenheiten vom Pfarrer ausgesprochen wird. Am Schluss sprach auch Hanneke Worte des Dankes aus. Wir erhielten Geschenke wie Schnitzereien und Ketten mit Anhängern. Es waren aus Schildpatt ausgesägte symbolische Angelhaken – das traditionelle Symbol des polynesischen Gottes Maui.

Dann tanzten die alten Männer. Die meisten mit dem typischen *lava lava* bekleidet, wenige im traditionellen Lendenschurz aus *tapa*. Ich glaube, sie alle waren froh, wieder einmal eine gute Gelegenheit zu haben, die schönen alten Tänze ihrer Jugend zu tanzen. Ich sah nur in entzückte Gesichter. Ganz anders als im weiter von der Heimatinsel entfernten Nukufero, wo die alten Tänze in Vergessenheit geraten waren.

Zum Abschluss hatte ich noch ein langes Gespräch mit einem der Brüder von Ariki Tafua, einem der Häuptlinge von

Tikopia. Er hatte einen älteren *manu*, einen Berater, bei sich. Obwohl sie sich in ihrem Lob für unser Vorhaben zurückhielten – wie es der polynesischen Tradition entspricht –, leuchteten ihre Augen dennoch, wenn sie von unseren beiden Katamaranen sprachen. Dieses Leuchten sagte mehr als die berühmten 1000 Worte. Und das tat gut.

Als wir morgens ablegen wollten, kamen viele mit ihren Kanus zu uns. Alle wollten die Boote sehen, uns verabschieden. Es gab reichlich Geschenke: Bananenstauden, frisch geerntete Ananas, Papayas, Trinkkokosnüsse, Matten, Anhänger, Langusten, Fisch und sogar einen lebenden Hahn – quasi als Frischfleisch.

Hätten wir den mitgenommen, wäre ich mir wie vor 3000 Jahren vorgekommen.

Sauerbraten, rheinische Art

Wir waren auf unserem großen Sprung zu den Santa-Cruz-Inseln. Dieses Archipel ist eine heterogene Inselgruppe, die aus den hügeligen Duff-Inseln, den flachen Reef Islands, der Bilderbuch-Vulkaninsel Tinakula, der größeren Insel Ndeni mit dem Hauptort Lata, den von Riffen und Lagunen umgebenen Inseln Utupua und Vanikolo sowie unseren ganz im Osten liegenden Zielinseln Tikopia und Anuta besteht. Die direkte Strecke von der Insel Makira zur Insel Ndeni beträgt circa 250 Seemeilen.

Doch vorher galt es noch eine aus wissenschaftlicher Sicht besonders interessante Insel anzulaufen: Santa Ane, ganz im Süden und in Sichtweite von Makira gelegen. Dies ist eine kleine, aber wichtige Insel, denn sie ist die letzte in einer langen Inselkette, die im asiatischen Raum beginnt und die den Lapita-Leuten vermutlich das »Inselhopping« ermöglicht hatte. Schaut man auf die Karte, dann liegen ab Taiwan, der Heimatinsel der Lapita-Leute, immer wieder Inseln bis hin nach Santa Ane, deren größter Abstand sich auf etwa 60 Seemeilen beläuft. Von der kleinen Insel Santa Ane beträgt die Distanz zur nächsten Insel im Osten 250 Seemeilen. Wissenschaftler nehmen an, dass die fruchtbare Insel Santa Ane deshalb eine bedeutende Siedlungsinsel war, auf der die Lapita-Leute längere Zeit verweilten und sesshaft wurden, bevor sie sich vorbereitet hatten, größere Strecken über das Meer zurückzulegen.

Für die Wissenschaftler gehört Santa Ane noch zum »näheren Ozeanien«, während die Santa-Cruz-Inseln bereits zum »abgelegeneren Ozeanien« gehören. Die Insel lag für uns »greifbar« nahe, doch wir kamen nicht zu ihr hin. Leichte Gegenwinde und eine starke Strömung hielten uns ab. Bevor wir den Kurs Richtung Osten änderten, gab es lange Diskussionen, ob wir nicht auf ein Drehen des Windes warten sollten – allein unsere Zeitnot sprach nicht dafür, musste uns Atholl doch am nächsten Etappenziel in Lata verlassen.

Am kommenden Morgen, es war der 23. 2. 2008, war der Himmel bedeckt, der Wind kam aus der Richtung, in die wir segeln wollten. Mit anderen Worten: Es war wieder einmal alles gegen uns. Jemand hatte mir vor Jahren im Mittelmeer gesagt, dass es dort nur drei Arten von Wind gebe: Sturm, Flaute oder Gegenwind. So war es auch bei uns. Fast die ganze Reise über hatten wir bis jetzt diese »Mittelmeerbedingungen« gehabt.

Wie frustrierend die Situation damals war, wird vielleicht deutlicher, wenn man einen Eintrag aus meinem Blog von damals liest: »Ich friere. Allen anderen ist auch kalt. Der Himmel ist grausam grau. Es regnet. Trotz Regenzeug sind wir bis auf die Haut nass. Wir haben unser kleinstes Segel gesetzt, nachdem gegen Mittag ein Sturm aufgekommen war. Die See ist immer noch wild. Ständig kommt Wasser über. Das Schreiben auf dem Laptop ist fast unmöglich. Wasser kam eben in die Navigationsecke, und ich muss gleich Schluss machen. Noch sind es 150 Seemeilen bis Lata auf Ndeni. Es wird eine schlechte Nacht, denn wir kreuzen den Schifffahrtsweg Australien – Japan/China. Die Sicht ist miserabel. An Steuerbord ist alles nass. Die Matratzen von Tulano und mir, die Bettlaken, Kissen, die gesamte Wäsche und alle Bücher – alles. An den Innenwänden unserer Kojen läuft das Salzwasser herunter. Die Seekarte ist nass, der Solarregler, der innen geschützt eingebaut war, hat die zweite Dusche abbekommen und arbeitet nicht mehr. Nach dem zweiten Tag roch meine Koje so, als ob ich dort eine Rattenzucht betreiben würde.«

In der dritten Nacht passierte, was nicht passieren durfte: Der Tampen, der das Backbordsteuerpaddel an das Widerlager am Rumpf drückte, riss. Mit der Stirnlampe hängte ich mich achtern über Bord, Rüdiger hielt mich an den Beinen. Ich musste den Tampen durch die Führung im Rumpf von außen nach innen schieben, dann durch die Bohrung des Steuerpaddels, einen Achterknoten machen und schließlich – wieder an Deck – den Tampen an den äußeren Teilen der Beams mit einer Spanischen Winde stramm durchsetzen. Diese Arbeit ist im Hafen schon nicht einfach, aber nachts und bei starkem Seegang eine Tortur.

Trotzdem war die Stimmung gut. Ich hatte jetzt den Kameramann Ingo, Rüdiger, den Polynesier Tulano und Matt an Bord. Auf dem Schwesterschiff, das wir zweimal entfernt in

Wolkenbänken verschwinden sahen, waren neben Hanneke, James und ihrem Sohn Jamie noch Atholl und der Polynesier Caulton an Bord. Prof. Keith Dobney hatte uns auf der Insel Makira verlassen. Wir waren also auf jedem Boot zu fünft. Die drei der Wharram-Familie teilten sich zwei Kojen.

An Kochen war nicht zu denken. Es gab Wasser und Kekse. Bei Letzteren hatte man noch die Wahl zwischen süß oder herzhaft. Als wir dann doch einmal heißes Wasser machen konnten, weil es nicht regnete, kippte im Seegang der Teekessel um, und das Wasser ertränkte den Docht des Kochers. Kein Kochen mehr. Wir träumten von Eiscreme, Pizza, einem trockenen Bett, von einem Hotelservice, einer warmen Dusche, von Sauerbraten, rheinische Art – jeder hatte so seine eigenen Vorstellungen.

Fünf Tage lang lebten wir mit Nässe, Kälte, Gegenwind, Dosenfutter und ständigem Segelwechsel. Doch es gab auch gute Nachrichten: Ich konnte den korrodierten Solarregler überbrücken, die Batterie wurde wieder geladen. Und den Docht unseres Petroleumkochers hatten wir wieder trocken bekommen. Es gab am letzten Tag, bevor wir Ndeni erreichten, wieder heißen Tee und Kaffee.

Am Abend des fünften Tages auf See waren wir nur noch 20 Seemeilen von der Insel Ndeni entfernt, als uns die x-te Sturmböe traf. Natürlich bei Dunkelheit. Tulano hatte mich geweckt. Schnell die Stirnlampe aufsetzen und das Segel runternehmen. Da, es krachte! Holz splitterte. Ich drehte meinen Kopf in Richtung des Lärms und sah im Licht der Stirnlampe, dass die vordere Bambusspiere gebrochen war, an der unser Krebsscherensegel befestigt war. Also beide Spieren und das Segel runter. Es war das erste Mal, dass am Rigg etwas gebrochen war. Eigentlich ein Wunder, dass Ähnliches nicht bereits früher passiert war. In Lata wartete ein größerer Job auf mich.

Fünf Tage waren beide Boote unterwegs. Zweimal hatten wir uns gegenseitig auf hoher See in der Ferne gesehen. Dann erst wieder an unserem Treffpunkt vor der Zielpassage in die Graciosa Bay der Insel Ndeni. Mit einem Abstand von nur einer Seemeile segelten wir am sechsten Tag hinter der *Lapita Anuta* zum Ankerplatz. Fast eine Woche nur Gegenwind, Regen und miserable Sicht und dann zeitgleich aus unterschiedlichen Richtungen ankommen – das können nur Schwesterschiffe.

Der Empfang konnte nicht schöner sein, denn am Ufer stand mein alter Freund Karl Schalk: weiße Hose, weißes Hemd, gelbe Crocks. Er wollte uns auf der letzten Etappe unserer Expedition begleiten. Karl brachte eine Flasche Bourbon, einen italienischen Espressokocher plus Espressokaffee, eine Harpune und seine Ukulele mit.

In der steil abfallenden Graciosa Bay gibt es neben der Anlegestelle einen kleineren flachen Teil. Dieser bot gerade so viel Platz, dass beide Boote dort ankern konnten. So waren wir ganz nahe an dem Dorf Lata, dem Verwaltungsort der Santa-Cruz-Inseln. Inzwischen lagen wir nur noch einen Tag hinter meiner Planung!

6. Etappe der Lapita-Expedition:
VON NDENI NACH TIKOPIA UND ANUTA

Auf dem richtigen Weg

Ich machte mich gleich an die Arbeit, die gebrochene Bambusspiere zu reparieren. Zwei Tage dauerten die Arbeiten, und meine Finger schmerzten vom Ziehen der Schnüre. Als der reparierte Mast an Bord war, fuhr ich zurück zur Pension, ging dort duschen und trank ein Bier. Es waren die kleinen Dinge, die zählten.

Am nächsten Tag stellten Rüdiger und ich dem Premier der Provinz Temotu und einigen seiner Minister unsere Expedition vor. Der Premier war im weißen offenen Hemd erschienen, seine Minister sahen aus wie Arbeiter, denen man auf der Straße begegnete. Wie auch immer, sie waren zutiefst beeindruckt.

Natürlich waren wir im Nu wie der berühmte »bunte Hund« im Ort bekannt. Schließlich ankerten wir direkt neben der Betonpier, die den Ort Lata mit der Außenwelt verbindet. Hierhin schlendert man täglich, um zu sehen, ob ein Schiff angekommen ist, und um am kleinen Markt vor der Pier einzukaufen. Zudem lagen viele Dutzend Boote auf dem Strand, mit denen die Bewohner kleinerer Inseln und abgelegener Dörfer nach Lata kamen, um ihre Produkte anzubieten und einzukaufen.

Viel gab es nicht in den wenigen kleinen Läden von Lata zu erwerben. Gerade entstand die erste Tankstelle, es gab eine kleine Post, eine Filiale der Bank, ein Büro der *Solomon Airlines* und eine Krankenstation. Auf dem Weg von der Pier zum Dorf kam man am »Flughafen« vorbei. Er bestand nur aus einem kleinen halb offenen Raum mit einem Tisch, einem Stuhl und einer alten Waage fürs Gepäck. Hinter Maschendraht lagen ein paar Fässer Kerosin und zwei Handfeuerlöscher. Ach ja, außerdem gab es noch das Schild »Lata International Airport«.

Man fragte uns natürlich, was denn das Wort »Lapita« bedeuten würde. Besonders interessiert war der Inhaber der Pension, in der wir während der nächsten Tage meist gemeinsam aßen. Er meinte, dass auf der Insel Te Motu, die direkt zwischen den beiden Passagen in die Graciosa Bay liegt, Lapita-Keramik gefunden wurde. Der Häuptling besitze viele Stücke. Es klang für uns unglaubwürdig.

Schon einmal hatte uns ein Wissenschaftler in Rabaul darauf aufmerksam gemacht, dass es auf der Insel Kabakon Lapita-Keramik gebe, die wir dann auch dort gefunden haben. Aber dieses Mal war es kein Wissenschaftler, sondern der melanesische Wirt einer kleinen Pension, der dem Alkohol nicht ganz abgeneigt war. Konnten wir ihn ernst nehmen?

Unsere Neugierde obsiegte, zumal Atholl noch für zwei Tage an Bord war, bevor er zurückfliegen musste. Kurz entschlossen organisierten Atholl, Rüdiger, Karl, Ingo, Matt, Tulano und ich für den kommenden Morgen das Boot von Lionel, dem Sohn des Pensionsinhabers, und fuhren zur Insel Te Motu.

Am Ufer bat uns Lionel zu warten, während er ins Dorf vorgehen wollte, um den Häuptling um Erlaubnis zu fragen. Welche Erlaubnis, ging es mir durch den Kopf. Die Antwort kam nach einer halben Stunde. Es ging ums liebe Geld. Wir sollten eine »Landungsgebühr« von 1000 Salomonen-Dollar (100 Euro) bezahlen. Sicherlich viel Geld für hiesige Verhältnisse. Doch wir willigten ein und konnten an den Mangroven vorbei zum Dorf gehen. Lionel ging vorneweg mit einem Einheimischen.

Wir wurden natürlich aufmerksam von den Dorfbewohnern begutachtet. Gleich sechs *palangis*, das hatte es wohl noch nie gegeben. Wie in einer Zeremonie wurden wir von Lionel zum Häuptling geführt. Er begrüßte uns vor seiner Hütte, und das Geld wechselte den Besitzer. Atholl, Tulano, Ingo, Matt und ich wurden in die Hütte gebeten. Die anderen unterhielten unterdessen die Dorfjugend.

Einige Frauen saßen im Hintergrund. Der junge Häuptling und sein Gehilfe baten uns, um ein rotes Tuch herum Platz zu nehmen. Im Schneidersitz bildeten wir einen Halbkreis um das Tuch, auf dem Hunderte kleine Tonscherben lagen, alle ähnlich rot wie das Tuch. Die Scherben waren zwischen drei und zehn Zentimeter groß. Alle hatten ein Dekor. Atholl begutachtete mehrere Teile, legte sie wieder hin, nahm neue Stücke. Keiner sprach ein Wort, Stille.

Atholl hatte vor sich einige ausgewählte Keramikstücke hingelegt. Endlich kamen seine befreienden Worte: »Es ist zweifelsfrei Lapita-Keramik. Ich schätze, dass diese Teile ungefähr 2600 Jahre alt sind. Das lässt sich aufgrund des Musters bestimmen. Mit einer Art Stempel muss es in den Ton geprägt worden sein. Ähnliche Teile hat man bereits durch Kohlenstoffanalyse in diese Altersklasse eingestuft.«

Ich atmete auf. Zum zweiten Mal waren wir auf unserer Expedition Lapita-Keramik begegnet. Wir waren also auf dem richtigen Migrationsweg der Lapita-Leute. Einer der führenden Wissenschaftler der Besiedlungsgeschichte des Pazifiks hatte uns dies just bestätigt.

Wenn auch die Art und Weise, wie die Keramikteile ans Licht der Welt kamen, alles andere als wissenschaftlich war. Wieder mal waren es Kokosnusskrabben, wie uns der Häuptling berichtete, die aus der Tiefe des Bodens diese Lapita-Keramikteile nach oben geschaufelt hatten. Seine Leute hätten die Teile immer neben den faustdicken Löchern der Krabben gefunden.

Dieses Mal haben wir nichts mitgenommen. Jedoch wurden viele Fotos gemacht und das Ganze auch von Ingo im Film festgehalten. Wir wussten jetzt, dass auf der strategisch günstig gelegenen Insel Te Motu, die zwischen der Nord- und Westeinfahrt zur Graciosa Bay liegt, für längere Zeit Lapita-Leute gelebt hatten. Der Name »Te Motu« ist ein weitverbreiteter polynesischer Begriff, bedeutet er doch nichts anderes als »die Insel«. Erleichtert gingen wir zum Boot zurück. Für »nur« 100 Euro hatten wir unsere Art von Gold in den Händen gehalten.

Die Philippinen, Bindeglied der Migration

DR. EUSEBIO DIZON, ARCHÄOLOGE

Die Bevölkerung der Philippinen hat austronesische Wurzeln. Die Austronesier wiederum kamen ursprünglich aus dem Süden Chinas und von der Insel Taiwan. Sie verließen ihre Heimat vor etwa 5000 Jahren und erreichten, über die südlich von Taiwan gelegene Insel Batan ziehend, vor circa 4500 Jahren die Philippinen.

Austronesisch ist eine sehr verbreitete Sprachfamilie mit weltweit über 350 Millionen Sprechern. Um die weit auseinanderliegenden Inseln Südostasiens und des Pazifiks zu besiedeln, brauchte man eine hoch entwickelte Bootsbautechnik.

Wir sind der Meinung, dass sich die Bootsbaukunst nach dem Überqueren des Südchinesischen Meeres auf den Philippinen wesentlich weiterentwickelt hat. Die Austronesier lernten aus ihren Erfahrungen und bauten Boote, mit denen sie in alle Meeresrichtungen fahren konnten. So war es ihnen möglich, vor 3500 bis 3000 Jahren Indonesien, Malaysia, die Marianen und auch die südöstlichen Inseln des heute von Polynesiern bevölkerten Gebiets des Pazifiks zu besiedeln.

Aus archäologischen Funden konnten wir einen signifikanten Zusammenhang zwischen den Menschen Taiwans, der Insel Batan, der Philippinen bis hin zu den Inseln Südostasiens und des weiten Pazifiks ermitteln, indem wir Bruchstücke ihrer Tonwaren, Stein- und Muschelwerkzeuge verglichen haben. Letztere waren wichtig für den Bootsbau. Weiterhin haben wir ihre Baumrindenklopfer, die zur Herstellung von *tapa* verwendet wurden, untersucht, ihre Steingewichte für die Fischernetze, ihre Fischhaken sowie ihren Schmuck wie Armreifen und Ohrringe. Kohlenstoffdatierungen und Spektroskopie haben ergeben, dass diese Fundstücke nur durch Menschen austronesischen Ursprungs hergestellt worden sein konnten. Darüber hinaus gab es Funde von Tier- und Pflanzenresten wie Schweine- und Hühnerknochen, Fischgräten, Reiskörnerabdrucke, botanische Reste von Taro und anderen Ernteerträgen, die wir als Restmengen in Tonscherben fanden. Weiterhin stellten wir eine große Ähnlichkeit der prähistorischen Begräbnisse und der zugehörigen Zeremonien in diesen Kulturen fest. Wir identifizierten die Tonbehälter der Austronesier und erkannten gleiche Muster wie Ringdekors, die eingestempelt wurden, oder beispielsweise rot gestreifte Tonwaren.

Die Lapita-Expedition begab sich auf die Spuren der Polynesier. Es war eine experimentelle archäologische Umsetzung historischer Reisen der frühen Polynesier zu den Inseln Tikopia und Anuta. Wir müssen zur Kenntnis nehmen, dass lange bevor sich Europäer wie Christoph Kolumbus und Ferdinand Magellan auf die Suche nach der Neuen Welt machten, Menschen von den heutigen Philippinen mit ihren traditionellen Katamaranen in der Lage waren, in den Pazifik zu segeln – und das ohne die Hilfe von Navigationsinstrumenten wie einem Kompass oder einem Sextanten. Alles, was sie besaßen, waren ihre Naturbeobachtung, ihr Boot, ihre Segel und ihre Paddel.

Die Lapita-Expedition wird den Anstoß für weitere Studien geben, wie zum Beispiel über die Bedeutung von Doppelrumpfkanus, Kielformen traditioneller Boote, Segelformen oder Steuerpaddel sowie über die Kunst der Naturbeobachtung zur Unterstützung der Navigation.

Es war vorauszusehen, dass der 80-jährige James die Expedition nicht bis zum Ende mitfahren konnte. James benötigte nach jeder Etappe einen Ruhetag, was bei seinem Alter und den hohen körperlichen Anforderungen nur zu verständlich war. Zusätzlich wurde er noch von einer hartnäckigen Magenverstimmung geplagt. Als ihn dann außerdem noch die Nachricht vom Tod seines besten Freundes Ernald aus England erreichte, stand sein Entschluss fest. James Wharram, den wir auf der Reise auch »den Admiral« nannten, flog zusammen mit Prof. Atholl Anderson mit der einmal pro Woche verkehrenden Twin Otter der *Solomon Airlines* zur Hauptstadt Honiara zurück.

Mit demselben Flugzeug kam Eve an. Sie hatte eine Etappe ausgesetzt, wollte aber unbedingt auf dem letzten Stück – und somit bei der Ankunft – wieder mit dabei sein. Das hatte auch einen handfesten Grund, schrieb sie doch einen Artikel für den »Stern«.

Spätabends trafen Karl und ich auf der Terrasse der Pension Moses, den Kapitän des Fährschiffes *Baruku* (weniger ein »Seelenverkäufer«, mehr ein schwimmendes Wrack), und die reisende Richterin Emma, die überall in der Provinz Urteile fällt. Moses spielte Gitarre, und beide sangen. Nach dem leeren Kasten Bier, der neben ihnen stand, zu urteilen, muss der Alkohol reichlich geflossen sein. Karl mit seiner Baritonstimme und ich fielen in einige der Lieder mit ein. Ein zweiter Kasten Bier wurde bestellt. Und als Emma Stunden später zum fünften Mal »*Spanish eyes*« gesungen hatte, der dritte Kasten Bier leer war, verstummten wir alle langsam. Wie Moses morgens um vier Uhr mit der *Baruku* vom Kai ablegen und zu den Reef Islands gelangen wollte, war mir schleierhaft.

Auch wir mussten weiter – auf der letzten Etappe teilte sich unsere Crew wie folgt auf: Hanneke, Jamie, Ingo, Tulano und Caulton stellten die Besatzung der *Lapita Anuta*, Karl, Rüdiger, Matt, Eve und ich die der *Lapita Tikopia*.

Die ewige Flaute

Am 7. 3. 2009 lichteten wir in der Graciosa Bay die Anker und segelten durch die romantisch anmutende Westpassage, zwischen der Insel Te Motu und der Hauptinsel Ndeni hindurch. Rechts und links türkisfarbenes Wasser, weiße Strände, Kokospalmen, einige Kanus, winkende Menschen.

Wir waren auf dem Kurs nach Osten zur Insel Vanikolo. Dort liegt die dritte Siedlung der Tikopianer und gleichzeitig ihre älteste. Die Luftlinie beträgt etwa 90 Seemeilen, also ein Klacks von ein bis zwei Tagen – allerdings bei richtigem Wind. Kaum hatten wir freien Seeraum, festigte sich der Wind – Gegenwind. Meine Lippen wurden schmaler: schon wieder! Aber wir befanden uns ja auf der *Selat Patientie*.

Flaute. Mehrere Tage lang hatten wir einen Nachbarn: die Insel Utupua. Keine 15 Seemeilen entfernt lag sie neben uns. Wie gerne wären wir auch dort vor Anker gegangen. Aber ... wir dümpelten auf der Stelle. Utupua ist die Insel, auf der der Schweizer Segler von einem Krokodil getötet worden war.

Karl hatte, als wir den Anker aufgingen, das Rauchen aufgegeben. Mit dem Nebeneffekt, dass er sich bereits um neun Uhr früh laut Gedanken machte, was er für das Mittagessen plane. Es war zu heiß zum Kochen, und so gab es meist in einer Pfanne gebackenes Fladenbrot und Thunfisch aus der Dose.

Matt las, Eve ruhte und rauchte, Rüdiger hatte einen köstlichen Obstsalat gemacht, und ich las das Buch »Im Rausch der Stille«, ein vortrefflicher Titel für unsere Situation. Ruder brauchte keiner zu gehen. Die beiden Büge des Bootes drehten sich. Mal zeigten sie rückwärts zur Insel Ndeni, mal nach Norden Richtung Utupua, mal nach Süden, dann wieder nach Osten zu unserer nächsten Insel Vanikolo, die aber noch in einer Wolkenbank lag.

Auf die Gefahr hin, dass ich mich wiederhole: Seit Beginn der Reise vor fünf Monaten hatten wir noch keinen schönen Segeltag, der 24 Stunden angehalten hätte. Nun kam mit der Flaute auch noch ein anderes ernsthaftes Problem hinzu. Ich hatte mit Ross Hepworth, dem Eigner des Versorgungsschiffes *Kesoko*, noch in Honiara vereinbart, dass uns sein Frachter am 24. 3. in Tikopia oder am 25. 3. in Anuta abholen sollte, also in knapp 16 Tagen. Vorher wollten wir noch die Siedlung Muruvai auf Vanikolo besuchen, dann nach Tikopia segeln und danach nach Anuta. Es wurde eng.

Seit Monaten hatte ich keine deutsche Zeitung gelesen, keine Nachrichten gehört oder gar gesehen. Lediglich von meinen neu angereisten Mitseglern hörte ich von der Finanzkrise. Doch das kratzte mich in diesem Moment nicht. Nur eines wollte ich auch in der Ferne erfahren: Wie stand es um meinen HSV? Und so bekam ich von meinem Freund Kalle jede Woche die neuesten Ergebnisse der Bundesliga per E-Mail. Allerdings bestand für einen HSV-Fan mehr Grund, sich zu ärgern, als sich zu freuen.

Die Nacht war sternenklar, ich ließ meine Luke auf und schaute auf dem Rücken liegend in den Himmel. Mehrfach hörte ich es an Deck klicken. Ich schaute vorsichtig in die Richtung des Geräusches und erkannte Karl, der versuchte, sein feuchtes Feuerzeug anzumachen, um »endgültig« seine letzte Zigarette zu rauchen.

Am Morgen war plötzlich alles anders. Wind kam auf, auch aus einer günstigen Richtung, und wir konnten der Insel Vanikolo entgegensegeln. Doch er war schwach, und so ging es nur langsam voran. Die Nacht brach herein. Wir waren fünf Personen an Bord, hatten aber nur vier Kojen. Abwechselnd musste immer einer an Deck schlafen. Ich als Ältester, Skipper und Organisator hatte das Privileg, nicht meine Koje tauschen zu müssen.

Wir gingen Zwei-Stunden-Wachen. Noch vor Anbruch der Dunkelheit wurden – wie in jeder Nacht – in beide Cockpits je eine Flasche mit Wasser, ein Becher und eine Tüte mit Keksen gelegt. In dieser Nacht hatte ich die Hundewache, so nennt man die Wache, die in die Morgenstunden fällt. Die Sonne ging direkt vor uns auf. Sie blendete stark, und es wurde heiß.

Morgens machte Rüdiger ein wunderbares Müsli mit Haferflocken, Rosinen, Bananen, Papayas und Milch aus Milchpulver, heute sogar mit ein wenig Zimt. Dazu den italienischen Kaffee aus dem neuen Espressokocher. Kaum war das Frühstücksgeschirr abgewaschen, besprachen meine vier Köche schon das Mittagessen. Es gab ja sonst wenig zu tun. Karl spielte ein bisschen auf seiner Ukulele, andere lasen, fotografierten. Ich sprach mehrfach mit dem anderen Schiff auf UKW, machte die Navigation, und als das erledigt war, sprachen die anderen schon über das Abendessen. Vor Sonnenuntergang machte ich den täglichen Sundowner. Danach gab es Spaghetti bolognese. Und schon war es Zeit für Rüdigers und Eves Selbstgedrehte und meine Pfeife. Jemand sagte lakonisch: »*Another shitty day in paradise.*«

Um 22 Uhr verabschiedeten sich diejenigen, die Freiwache hatten. Nur der Wachgänger konnte beobachten, dass es einen Tag vor Vollmond war. Die Zeit, in der sich das Wetter meist ändert.

Die französische Schicksalsinsel

Obwohl wir am nächsten Morgen keine 20 Seemeilen vor unserer Zielinsel Vanikolo lagen, kamen wir ihr kaum näher. Wunderschön lag sie im Morgenlicht vor uns. Grün, vulkanisch, von historischen Geschichten umrankt und insofern mysteriös.

Hier strandete im Jahr 1788 der Stolz der französischen Nation, die beiden Schiffe »Astrolabe« und »Boussole«. Die

Franzosen hatten diese Rahsegler mit den neuesten Chronometern, den besten nautischen Geräten, kurzum: mit dem Besten vom Besten der damaligen Zeit, ausgerüstet und sie dem Kommando von Kapitän La Pérouse unterstellt. Die Expedition sollte das Gegenstück zu den Erfolgen des Briten James Cook darstellen. Auf Veranlassung von König Ludwig XVI. begleiteten Wissenschaftler aus den Fachgebieten Astronomie, Mathematik, Geologie, Mineralogie und Botanik die Reise. Ihr Auftrag war die genaue Erforschung der Geografie des Pazifiks und der dortigen Handelsmöglichkeiten, vom hohen Norden bis nach Australien, von Asien bis nach Amerika. Es war damals ein fast so aufwendiges Unternehmen wie heutzutage eine Mondlandung.

In Vanikolo war Schluss mit dieser historisch so bedeutenden Expedition. Allerdings erfuhr die Umwelt dies erst wesentlich später. Beide Schiffe zerschellten am Außenriff, offensichtlich in einem Zyklon. Die Schiffe hatten wohl noch versucht, durch die Riffpassage zu gelangen, um das schützende Wasser der Lagune zu erreichen, waren jedoch auf das Riff aufgelaufen.

Vor wenigen Jahren fanden französische Taucher eindeutige Relikte in 40 Meter Tiefe am Außenriff, unter anderem die Schiffsglocke, die den Namen »Boussole« trug. Bei meinem mehrmonatigen Aufenthalt in Tikopia im Jahr 1997 zeigte man mir einen großen Schiffshaken und eine Flasche für Quecksilber (das damalige Mittel gegen Syphilis), beides von den französischen Schiffen.

Überlebt hatten etwa 40 Männer, die sich an Land retteten und sich dort Unterstände bauten. Sie wurden jedoch Opfer von Krankheiten und wurden in Fehden mit den Einheimischen – wohl Männer aus Tikopia – getötet. So die Erzählungen des irischen Kapitäns, Händlers und Abenteurers Peter Dillon, der im Jahr 1826 vom Schicksal der beiden Schiffe und dem Tod der Überlebenden erfuhr, als er die Insel Tikopia besuchte. Hier hatte er zehn Jahre zuvor den Deutschen Martin Buchert aus Mecklenburg auf dessen Wunsch hin abgesetzt. Bei seiner Rückkehr kam Buchert zu ihm an Bord und hatte Teile eines Rüsteisens um seinen Hals. Zusätzlich besaß Buchert eiserne Bolzen, fünf Äxte, den Griff einer silbernen Gabel, zwei Teetassen, ein paar Messer, Glasperlen, Flaschen und ein Schwert – alles in Frankreich hergestellt. So jedenfalls schrieb es Peter Dillon in seinem Buch »Narrative and Successful Result of a Voyage«.

Auch wir wollten in diese Lagune, in der die Franzosen Schutz suchen wollten. Plötzlich wandte sich das Wetter zum Guten. Der dichte Regen, der die Insel verschlungen hatte, löste sich genau in dem Moment auf, als wir die Passage durch das Außenriff ansteuerten. Aus dem Grau des Regenschleiers heraus hatten wir auf einmal beste Sicht. Was vorher im Unsichtbaren lag, war plötzlich sichtbar: das Astrolabe-Riff mit der Pallu-Passage. Wir segelten wenige 100 Meter von der Unglücksstelle der »Astrolabe« hindurch. Alle fotografierten die Brecher links und rechts der etwa 150 Meter breiten Passage. Ich musste an die Mannschaft denken, die vor 220 Jahren hier um ihr Leben gekämpft hatte.

Da in der Lagune kein Wind herrschte, schleppten wir unseren Katamaran mit dem Fünf-PS-Außenborder am Dingi durch die Lagune. Es waren noch fünf Seemeilen bis zur Siedlung Muruvai. Wir alle waren berauscht von der Schönheit der Landschaft. An Steuerbord die großen Brecher am Außenriff, vor und neben uns die Lagune, mal flach, dann wieder tiefer, und an Backbord die grüne vulkanische Tropeninsel mit Buchten, Einschnitten, Bergen, Tälern und darüber fast ruhend das weiße Tuch einer stillstehenden Wolke.

Kurz vor Einbruch der Dunkelheit kamen wir nach Muruvai. Erst sahen wir keine Menschen, dann kamen sie plötzlich aus allen Richtungen zum Ufer. Ein Mann kam durchs hüfttiefe Wasser auf uns zu. Er winkte uns. Hier, hier sollten wir ankern. Ich hatte noch 50 Zentimeter unter dem Kiel.

»Haben wir Hochwasser?«, war meine Frage. »Ja«, antwortete er zu meiner Überraschung. Durchs Wasser konnte ich den Boden sehen, der Anker fiel. Zwei Stunden später ging das Wasser zurück, und das Boot saß trocken auf weichem Boden auf, komfortabel wie auf einem Samtkissen. Solch einen außergewöhnlichen »Liegeplatz« hatte ich noch nie.

Es war Vollmond, und das halbe Dorf kam anspaziert. Als Erstes traf ich meinen alten Nachbarn Frederik aus Tikopia, einen der Brüder des Häuptlings Ariki Tafua. Wir begrüßten uns mit einem *hongi*. Dann kamen sein Bruder Steven und andere Insulaner, und wir mussten immer wieder dieselben Fragen beantworten. Woher kommt ihr? Was macht ihr mit den Booten? Wo wurden sie gebaut? Können wir auch solch ein Boot haben?

Als ich später zu unserem Boot zurückkam, war die Flasche Whisky, die Karl mitgebracht hatte, nur noch halb voll. Ein Vollmondfest auf einem Schiff, das sicher auf seinen zwei Rümpfen auf Land stand, musste einfach gefeiert werden.

Die beiden nächsten Tage konnte sich die Crew erholen und das Dorf erforschen. Alle Häuser – bis auf das Schulgebäude – waren traditionelle polynesische *fale*, große, stabile und handwerklich gut gebaute Hütten, besser gesagt: Häuser. Auch den Großstädtern unter uns fiel sofort auf, wie fruchtbar der Streifen zwischen den Hügeln und dem Meer war, wo die Tikopianer siedelten. Sorgfältig waren die Gärten angelegt, meist befreit von Unkraut. Fließend Wasser gab es überall. Die Wolken regnen in den Höhen der Vulkanberge ab, und das Wasser fließt in Bächen herunter, wird oberhalb des Dorfes in Becken aufgefangen und kommt frisch und kühl aus den Leitungen. Die Auffangbecken und Leitungen haben australische und neuseeländische Pioniere angelegt. Wir füllten natürlich alle unsere Flaschen und duschten ausgiebig. Immer wenn sich einer von uns unter eines der Wasserrohre stellte, stand die Dorfjugend um ihn oder sie herum. Privatsphäre kannte man nicht. Fast alles war öffentlich.

Hanneke und ich nahmen die Gelegenheit wahr, mit einem der bekanntesten polynesischen Bootsbauer dieser Region zu sprechen. Es war Willi Vaka, auf Deutsch »Willi, der Bootsbauer«. Wir trafen ihn im Haus von Pfarrer Joseph. Beide waren ältere Männer voller Geschichten. Der eine konnte stundenlang über die Kunst des Bootsbaus reden, der andere über die polynesische Geschichte auf den Santa-Cruz-Inseln.

Mark, der Lehrer von Muruvai, hatte mir gesagt, dass die Gemeinde ein Abschiedsfest für uns feiern wolle. Es gab jedoch ein Problem wegen der Fastenzeit (es war die Zeit kurz vor Ostern), denn da durfte zwar gegessen, aber nicht getanzt werden. Um dieses strenge Gebot der anglikanischen Kirche zu umgehen, hatten sie sich etwas Besonderes ausgedacht. Das Gebot betraf ja nicht die Kinder, und so war man übereingekommen, dass diese unter Marks Leitung tanzen durften.

Am späten Vormittag versammelten sich die Familien am Festplatz unter dem großen Tamarindenbaum, ähnlich groß und schön wie der am Festplatz in Nukukaisi. Allerdings gab es hier eine große Wiese. Dort versammelten sich die Jungen und Mädchen, alle im Lendenschurz und traditionell geschmückt. Vor ihnen saß ein Mann mit zwei Stöcken vor einer Trommel, die einst Teil eines Einbaums war. Wir *palangis* hatten uns auf Matten gesetzt. Um uns herum saßen die Familien von Muruvai. Ihre Matten waren voller Speisen. Es sah fast nach einem Gelage aus.

Der Trommler begann. Die Kinder hatten sich aufgereiht. Vor ihnen gab jetzt Mark die Schritte und Bewegungen an. In den Händen hielt jeder einen Tanzstock in Form eines Paddels. Es war anstrengend, in der Hitze zu tanzen, und schnell floss besonders bei Mark der Schweiß. Die einzelnen Tänze sind aus diesem Grund kurz. Dennoch löste ein Tanz den anderen ab. Natürlich konnten die Kinder nicht immer Mark folgen, was dann im Publikum mit Gelächter begleitet wurde. Überhaupt wurde auf beiden Seiten viel gelacht. Es machte jedem einen Riesenspaß – trotz Fastenzeit!

Es folgten die Reden des Priesters, der auch das *kai kai* segnete, von Hanneke, von Caulton und von mir. Erst jetzt konnte das Essen beginnen.

Ich verschenkte noch ein paar der so wichtigen Pfeifen, natürlich bekamen Willi Vaka, Pfarrer Joseph und Mark jeweils eine besonders schöne. Wenn es auch gebrauchte Pfeifen waren, waren es dennoch fast alles sehr gute Markenpfeifen aus einem wertvollen Wurzelholz, das man wohl nicht in den Tropen kennt.

Irgendwann, als die Sonne brannte, gingen wir bei Ebbe zu Fuß zu unseren Booten zurück. Auf beiden Schiffen versammelte sich die Dorfjugend. Karl spielte Ukulele, und die Kinder tanzten so ausgelassen, dass ich Angst um unsere Plattform hatte.

Um 15 Uhr war Hochwasser, und auf beiden Booten wurden die Anker aus nur 80 Zentimeter Wassertiefe an Bord geholt.

Wir setzten die Segel und ließen uns von einem Begleitboot durch die breite Lagune lotsen, um Riffe herum, bis hin zum Dean-Pass. Um 17 Uhr waren wir im freien Ozean und staunten über einen Wind aus Norden, der uns nach Osten bringen konnte.

Weil die Zeit drängte, hatten wir beschlossen, uns zu trennen. Die *Lapita Anuta* würde nach Anuta und wir mit der *Lapita Tikopia* nach Tikopia segeln. Dort sollte auch der Treffpunkt sein, was bedeutete, dass das Schwesterschiff mit zusätzlicher Besatzung aus Anuta noch die 80 Seemeilen nach Tikopia zu segeln hatte. Schließlich hatten wir das Schiff *Kesoko* für den 24. 3. nach Tikopia bestellt, und es war bereits der 11. 3. 2008.

Nach fünf Monaten auf dem Boot war ich ziemlich aufgeregt bei dem Gedanken, endlich im heiß geliebten Tikopia zu sein und meine Freunde wiederzusehen. Mit an Bord hatten wir auf jedem Boot einen Sack mit Betelnüssen für die *wontok*, die Verwandten.

Die polynesische Navigation

Unseren ersten Tag auf See konnten wir abhaken. Es regnete, war ungemütlich und kühl. In der Nacht klarte es auf. Die spiegelglatte See wirkte bei dem Mondlicht wie ein geheimnisvoller Spiegel. Pottwale umkreisten uns. Wenn sie beim Ausatmen bliesen, hörte es sich an, als ob ein Asthmatiker nach Luft rang. Sie kamen bis auf zehn Meter an das Boot heran, und ich hatte die Befürchtung, es könnte zu einer Kollision kommen. Es wäre nicht das erste Mal, dass ein Wal mit einem Boot »spielen« wollte. Alle waren wir wach und bestaunten das Zutrauen der riesigen Tiere. Oder war es Neugierde?

Die letzte Etappe von Vanikolo zu den Zielinseln Tikopia und Anuta sollte uns endlich ermöglichen, nach polynesischer Naturnavigation den Kurs festzulegen, ohne auf den Kompass zu schauen. Bis jetzt war es nicht möglich gewesen, längere Distanzen auf diese Weise zurückzulegen und auch zielgenau anzukommen. Denn entweder war der Himmel bedeckt, oder wir lagen in einer Flaute.

Der Kurs des Schwesterschiffes von Vanikolo nach Anuta führte direkt von West nach Ost. Auf diesem Boot waren mit Tulano und Caulton zwei Polynesier, die mit der Naturbeobachtung besser vertraut waren als jeder andere an Bord. So war es denn auch Tulano, der auf der 170 Seemeilen langen Reise den Kurs bestimmte.

Auf unserem Kurs, der etwas südlicher als der des Schwesterschiffes verlief und um etwa 60 Seemeilen kürzer war, hatten wir anfänglich bewölkten Himmel. Erst in der zweiten Hälfte der viertägigen Reise bei schwachen Winden lockerte sich der Himmel auf. Auch wir hatten ein Navigationsexperiment eingeplant. Ich sollte den Kurs und die Geschwindigkeit des Bootes über 24 Stunden schätzen. In der Seemannssprache nennt man das »koppeln«. Nur aufgrund von Erfahrungswerten konnte ich Kurs und Geschwindigkeit jede Stunde ermitteln und notieren. Währenddessen kontrollierte Rüdiger meine Angaben mit dem GPS. Am Schluss hatte ich mich um circa 15 Prozent getäuscht, dachte, wir wären weiter, als das GPS uns später angab.

Auf meiner Weltumsegelung hatte ich das Buch »We, the Navigators« von Dr. David Lewis gelesen. Es inspirierte mich auf einigen Etappen dazu, mich nur an den Sternen und dem seit Tagen und Wochen vorherrschenden Wind, den Passatwolken und den Wellenbildern zu orientieren. Später vertiefte ich mich in die Materie der Naturnavigation und schrieb eine Artikelserie in der Zeitschrift »Palstek«: Wie navigierten die Polynesier, wie die Wikinger, wie die Araber und wie Kolumbus?

Mein Artikel über die Kunst der polynesischen Navigation fing mit folgender Anekdote an: Der Kapitän eines Kopraschoners, der im letzten Jahrhundert zwischen den polynesischen Inseln segelte, traute den Geschichten nicht, die von den außergewöhnlichen navigatorischen Fähigkeiten der Polynesier berichteten. Auf einer stürmischen und bedeckten Überfahrt montierte er den Kompass ab und sagte der polynesischen Crew, er sei defekt. Ohne Kompass sei er verloren, ob sie die Navigation übernehmen könnten. Als sie Tage später an ihrer Zielinsel ankamen, fragte der Kapitän den Vormann: »Woher wusstest du, dass diese Insel hier liegt?« Der Polynesier erwiderte irritiert: »Die Insel war doch immer hier!«

Wie ich zu Anfang schrieb, ist die Besiedlung des pazifischen Raumes durch die Polynesier ohne Beispiel, gibt es doch kein Volk auf der Welt, das einen größeren Lebensraum auf unserem Planeten besiedelt hat. Für uns Expeditionsteilnehmer umso interessanter, geschah diese Besiedlung doch ausschließlich mit Zweirumpfbooten, den Vorbildern unserer Katamarane. Wir wissen aus Illustrationen genau, wie diese Boote ausgesehen haben. Die ersten europäischen Kapitäne Wallis, Bougainville oder Cook, die Tahiti in der zweiten Hälfte des 18. Jahrhunderts besuchten, staunten nicht schlecht, als sie dort die großen Boote der Polynesier sahen. In der geschützten Lagune lagen 15 bis über 30 Meter lange Zweirumpfboote (Doppelkanus) für Hochseereisen. Auslegerboote benutzten sie für den Nahverkehr. Sie hatten sogar größere Boote als die knapp 40 Meter lange *Endeavor* von Kapitän Cook. So berichte-

ten Begleiter von Cook, die deutschen Wissenschaftler Rein-
hold Forster und sein Sohn Georg, dass bei ihrem Besuch
allein 50 Boote auf der Reede von Tahiti gelegen hätten, die
mehr als 30 Meter maßen.

Mit ihren Segelschiffen erzielten die Polynesier Geschwin-
digkeiten von 15 bis 20 Knoten – in diese Dimensionen stießen die Europäer erst im letzten Jahrhundert vor. Durch ihre
geniale Doppelrumpfkonstruktion hatten die polynesischen
Boote wenig benetzte Fläche und somit einen geringen Rei-
bungswiderstand im Wasser. Machte damals ein europäischer
Rahsegler im Passatwind seine vier bis sechs Knoten, dann
segelte ein Boot »unter polynesischer Flagge« bis zu dreimal
so schnell. Ihre Katamarane waren demnach das eine, ent-
scheidende Element ihrer Erkundungsfahrten, das andere,
nicht minder intelligente, war ihre Kunst der Naturnavigation.

Im 18. und 19. Jahrhundert teilten die Kolonialmächte USA,
Frankreich, Großbritannien und Deutschland die pazifische
Inselwelt unter sich auf. Nur das Königreich Tonga blieb ver-
schont, blieb selbstständig und erhielt von den Briten den
Namen »Protektorat«. Den schönsten und größten Teil nahmen die Franzosen in Anspruch (Französisch-Polynesien) –
bis heute. Auch Deutschland besaß mit Deutsch-Guinea, dem
polynesischen Deutsch-Samoa, den mikronesischen Marshallinseln, den Marianen und Karolinen einen nicht unerheblichen
Anteil. Wie alle anderen »Schutzmächte« auch verbot es den
reisegewohnten Insulanern das Befahren des Ozeans auf ihren
traditionellen Schiffen, um somit eine bessere Kontrolle über
seine Untertanen zu erhalten. Noch im Jahr 1910 beklagte sich
das »Deutsche Kolonialblatt« über die vielen Kanus, die Jahr
für Jahr im Pazifik auf Reisen gingen. Die Kolonialmächte
wollten ihre Untertanen politisch kontrollieren. So gerieten in

kürzester Zeit die polynesische Kunst des Bootsbaus und die der Navigation in Vergessenheit.

Bei meinem ersten Besuch auf Tikopia im Jahr 1989 traf ich den alten Navigator Wilson Pa Motulava, der noch nach dem *kaveinga*, dem Sternpfad, gesegelt war. In den Gesprächen mit ihm offenbarte sich mir die Faszination der Naturnavigation. Um sie zu verstehen, muss man unsere modernen Methoden völlig außer Betracht lassen. Der traditionelle polynesische Denkansatz ist ein gänzlich anderer. Unsere Navigation ist eine errechnete, ihre hingegen eine (aus der Natur) beobachtete. Wir denken in erster Linie: Wo befinde ich mich? Ganz anders der Polynesier. Er fragt: Wo ist mein Zielort?

Noch deutlicher wird der Unterschied bei der Bewertung von Tag und Nacht. Für uns beginnt der Tag auf See um zwölf Uhr mittags und dauert bis zum selben Zeitpunkt des nächsten Tages. Der Polynesier zählt den Tag von Sonnenuntergang zu Sonnenuntergang. Wir navigieren am liebsten am Tag, die Polynesier besonders gerne in der Nacht. Für uns bedeutet die Nacht etwas Fremdes, dem Polynesier hingegen ist sie vertraut. Für ihn hat sie eine zentrale Bedeutung, sie bietet ihm durch die Sterne ein Ordnungsprinzip.

Hier ein paar Beispiele der ganzheitlichen Naturnavigation, die natürlich auch andere Völker kannten und die in die Geschichte als »Polynesische Navigation« eingegangen ist:

Zenitsternnavigation

Der Schlüssel zur polynesischen Navigation sind die Sterne. Wer sie kannte und nach ihnen navigieren konnte, war ein *tahuna*, ein Meister (auf Samoa und Tonga: *tafuna*, auf Tahiti: *tau'a*, auf Hawaii: *kahuna*). Bis zu 200 Sterne kannte ein Navigator beim Namen und ihre Position. Ihm war auch bekannt, dass die Gestirne in jeder Nacht früher aufgehen. (Wir wissen, dass Sterne um ein Grad in vier Minuten von Ost nach West »wandern«.) Es gab auf den größeren Inseln Schulen, in denen die *tahunas* die Navigation lehrten. Noch vor wenigen Jahrzehnten gab es diese Schulen auf den Karolinen in Mikronesien. Auf den vielen Nachtwachen im Pazifik habe ich oft im Cockpit gesessen, in den Sternenhimmel geblickt und versucht, mich in einen polynesischen Navigator zu versetzen.

Hier ein Beispiel: ... auf der Insel Raiatea (16° 48' S, 151° 25' W) lagen ein *tahuna* und seine Schüler mit den Rücken auf ihren Matten und studierten den Nachthimmel. »Seht ihr diesen besonders hellen Stern auf der Windseite?«, fragt der *tahuna* seine Schüler. »Es ist *mare* (Sirius). Seit Urväterzeiten zieht er über unsere Insel und steht nachts irgendwann direkt über uns. *Mare* ist der Raiatea-Stern, ihr müsst ihn über der Mastspitze senkrecht peilen (was auf Katamaranen, die kaum Krängung haben, möglich ist), dann liegt eure Heimatinsel entweder in Richtung Sonnenaufgang oder Sonnenuntergang.« Wir nennen dies die »Zenitsternnavigation«. Aus dem »Nautischen Jahrbuch« weiß der moderne Navigator, dass Sirius eine Deklination (»Himmlischer Breitengrad«) von 16° 42' S hat. Auf diesem Breitengrad liegt auch Raiatea. Wenn ein polynesischer Segler von der Insel Rapa Nui (Osterinsel, 27° 07' S, 109° 22' W) gen Raiatea segelte, dann wusste er, dass er *mare* im Zenit haben musste, um Raiatea zu treffen, d. h., um auf demselben Breitengrad mit der Zielinsel zu sein. Heute könnte man sagen, die Himmelskoordinaten nach Breite und Länge von Sirius im Zenit über Raiatea sind »die Postleitzahl« dieser Insel.

Captain Cook nahm 1769 den tahitianischen Häuptling und Priester Tupaia auf dessen Wunsch mit nach Batavia (Indonesien). Auf dem langen Weg dorthin war der Häuptling nachts jederzeit in der Lage, mit ausgestrecktem Arm die Position der vielen ihm bekannten Inseln aufzuzeigen, die oft Hunderte von Seemeilen entfernt lagen.

Sternpfadnavigation

Wesentlich häufiger als die Zenitsternnavigation benutzte man die Methode der Sternpfadnavigation (*kaveinga*). Nehmen wir an, dass sich ein großes Doppelrumpfkanu auf die lange Reise von Insel A (liegt im Westen) zu Insel B (liegt im Osten) aufmacht. Aus Beobachtungen und Überlieferungen wusste der Navigator, welcher Stern über der Zielinsel aufgeht. Nennen wir diesen Stern X. Er wusste auch, welcher Stern über seiner Heimatinsel (bezeichnet mit Y) untergeht, gesehen von der Zielinsel. Der Navigator musste versuchen, sein Schiff zu diesen beiden Sternen in Deckpeilung zu bringen. Als erfahrener *tahuna* kannte er auch die nach diesen Sternen (X und Y) auf- bzw. absteigenden Sterne. So konnte er mit ihnen weiterhin seinen Kurs bestimmen.

Die Steuerung über Bug und Heck nach bekannten Sternen war eine der einzigartigen Fertigkeiten der alten Navigatoren. War der aufsteigende Stern durch Wolken nicht sichtbar, hatte sich der Navigator rechtzeitig vor seinem »Verschwinden« andere Leitsterne ausgesucht. Ein polynesischer Navigator konnte nachts demnach eine bequeme Position auf dem Boot einnehmen, die Leitsterne aussuchen, diese beobachten und dem Steuermann Kursänderungen durchgeben. Hierbei half der fast immer sichtbare Sternenhimmel (nur an 29 Tagen hatte ich auf meiner Weltumsegelung im Pazifik bedeckten Himmel während der Passatzeit).

Kompass

Anstelle des ihnen nicht bekannten Magnetkompasses besaßen die Polynesier einen Sternenkompass. Der stand jede Nacht am Himmel. Das Besondere an ihrem Sternenkompass: Er war absolut zuverlässig. Auf den Karolinen bestand der Sternenkompass aus 32 Sternen. Tagsüber konnte auf hoher See nicht so genau gesteuert werden, da nur die Sonne und die Richtung gleichmäßiger Winde und Wellen gedeutet werden konnten. Viele der hier beschriebenen Navigationsarten gab es auch in Varianten. Auf den Cookinseln kannte man zum Beispiel einen Windkompass mit 32 Windrichtungen. Vieles über die Anwendung dieser pazifischen Kompasse ist leider mittlerweile vergessen und unwiderruflich verloren.

Polarstern und Kreuz des Südens

Auf den nördlich des Äquators liegenden Inseln von Mikronesien und auf den Inseln von Hawaii kannte man auch die Bedeutung des Nordsterns. Auf den Karolinen heißt er »der Stern, der sich nicht bewegt«. Im Jahr 1976 erfolgte eine historische Reise mit einem Nachbau eines polynesischen Doppelrumpfkanus von Hawaii nach Tahiti in Nordsüdrichtung. Kein westliches Instrument war an Bord der 60 Fuß langen *Hokule'a*, die ausschließlich nach polynesischer Navigation gesteuert wurde. Die Reise ging über eine Strecke von 2300 Seemeilen, und man kam zielgenau in Tahiti an. Verantwortlicher Navigator war Mau Piailug von den Karolinen. Er maß mit den ausgespreizten Fingern den Winkel des Polarsterns über Hawaii mit 21° 30' N; die tatsächliche Breite ist 21° 15' N. Er lag also nur um 15 Seemeilen daneben.

Die Polynesier kannten neben dem Nordstern natürlich auch das ausgeprägte Sternbild des »Kreuz des Südens« (das man noch bis etwa 13° nördlich des Äquators beobachten kann). Steht das sich drehende Kreuz des Südens nachts senkrecht, dann liegt in der Verlängerung der Achse unterhalb des Kreuzes Süden.

Wetterbeobachtung

Bevor die Polynesier mit ihren großen Reisekanus ablegten, beobachteten sie intensiv die Wetterlage. Auch bei ihnen galt die eiserne Seemannsregel unserer Breiten: Segle niemals in schlechtes Wetter. Die großen Reisen wurden nur in der sturmfreien Zeit angetreten. Bereits Tage vor einer geplanten Abreise schauten sie sich am Ostriff ihrer Insel (Osten deshalb, weil von dort der Passat kam) die Krebse an. Hatten diese ihren Unterschlupf verlassen und waren ganz besondere Korallenfische am Ufer zu sehen, so war für die nächsten Tage mit gutem Wetter zu rechnen. Hatten die Krebse den ausgeschaufelten Sand nur angehäuft, aber das Eingangsloch nicht zugedeckt, dann konnte man mit Starkwind oder Regen rechnen. Auch Ameisen und spezielle Spinnen dienten als »Wetterfrösche«.

Besonders wichtig war die Wolken- und Himmelsbeobachtung, um Wetterveränderungen festzustellen. Wenn zum Beispiel ein Teil des Sternenhimmels flimmerte, dann bedeutete das Windänderung. Wir wissen, dass die Zirruswolken dieses Flimmern bewirken und eine Front nach sich ziehen. (Seemannsspruch: »Frauen und Zirren können dich verwirren.«) Der Polynesier wusste, dass aus der Richtung des Flimmerns eine andere Windrichtung zu erwarten war, meist Schlechtwetter.

Plante man eine Reise nach Osten, musste man oft wochenlang auf eine Drehung des Passatwindes warten. Eine Fernfahrt begann in den Nachmittagsstunden, um noch bei Tageslicht aus der Lagune und der Riffpassage zu steuern. Viel wichtiger aber war der Zeitpunkt für die achterliche Landmarkenpeilung, bevor der Leitstern am Horizont auftauchte. Während der Tageszeit orientierte man sich dann an der Sonne und am Wolken- und Wellenbild.

Vogelflug

Bei Annäherung an Inseln kamen andere Fähigkeiten hinzu: die Inselbestimmung anhand von Vogelflug oder Wellenbildung. Die Polynesier wussten, dass etliche Zugvögel zu bestimmten Jahreszeiten aus bestimmten Richtungen kamen. Wissenschaftler meinen, dass durch diese Zugvögel, zum Beispiel den Langschwanzkuckuck, die großen Inselkomplexe der Marquesas, von Hawaii oder Neuseeland gefunden wurden. Von anderen Vögeln wussten sie, dass sie Landvögel waren und sich tagsüber bis zu 30 Seemeilen von einer Insel entfernten. Zu ihnen zählen Seeschwalben, Fregattvögel oder Tölpel. Sie wurden *kakarau*, »Signalvogel«, genannt. Beim ersten Licht, wenn sie ihre Insel verließen, oder in der Abenddämmerung, wenn sie zurückflogen, wurden diese Vögel zu den sichersten Richtungsweisern. Besonders in der schnell einsetzenden Abenddämmerung fliegen diese Landvögel den kürzesten Weg zur Insel (oder zum Land) zurück. Einen sichereren »Tipp« konnte ihnen die Natur kaum geben.

Wellenbeobachtung

Der deutsche Kapitän Winkler brachte 1901 von den damals deutschen Marianen eine Stabkarte mit. In den ersten Jahren wurden diese Stabkarten, die aus Holzstäbchen bestehen und in der Inseln verzeichnet sind, mit einer Seekarte verwechselt. Diese Stabkarten zeigen jedoch den Ablauf von Wellen und

Schwell an, der entsteht, wenn Wellen auf eine Insel treffen. Wellenstrukturen »lasen« Mikronesier und Polynesier, um zu erkennen, wo die Insel lag. Wie schon erwähnt, die wichtigste polynesische Frage war: »Wo ist die Insel?« und nicht »Wo bin ich?« Wenn Strom und Passatwind monatelang aus dem östlichen Quadranten kommen, dann entsteht vor einer Insel ein Rückschwell, und die Wellen östlich, nördlich, südlich und auch westlich im Lee der Insel haben jeweils unterschiedliche Strukturen. Reflektierte Wellen sehen jeweils anders aus, wenn sie zwei, fünf, zehn oder 20 Seemeilen zurückgeworfen werden. Es wird berichtet, dass *tahunas* Inseln an Wellenformationen erkennen konnten, die bis zu 30 Seemeilen entfernt vor ihnen, aber noch hinter dem Horizont lagen.

Leichter nachvollziehbar wird das, wenn man bedenkt, dass Polynesier acht unterschiedliche Begriffe für verschiedene Wellenbilder haben – wir dagegen haben keinen einzigen!

Meeresströme

Genaueste Naturbeobachtung brachte die Polynesier auch auf die Lösung eines sehr wichtigen Problems. Sie hatten natürlich bemerkt, dass ihr riesiger Ozean von starken Strömen sowohl in westlicher als auch in östlicher Richtung durchzogen war. Besonders gefährlich waren die unberechenbaren Ströme zwischen Inselgruppen, da sie noch durch die Gezeitenströme verstärkt wurden. Wie aber konnte man auf hoher See feststellen, in welcher Richtung die Strömung verlief? Die Polynesier hatten beobachtet, dass Fliegende Fische, die es reichlich gab, nach ihrem bis zu 100 Meter langen Flug mit dem Kopf gegen den Strom ins Wasser tauchen! Tevake, einer der letzten polynesischen Segler der Santa-Cruz-Inseln, der mit seiner *Te Puke* noch in den 1960er-Jahren gesegelt ist, maß die Meeresströmungen, indem er ins Wasser glitt und sie an der empfindlichsten Stelle des Mannes »erfühlte«.

Flottillensegeln

Bei langen Fahrten in unbekanntes Gebiet starteten die Polynesier aus Sicherheitsgründen mit mehreren Booten gleichzeitig. Sie legten ihren Kurs parallel an und segelten tags auf Sicht mit so viel Abstand wie möglich. So hatten sie eine größere Chance, die kleineren Atolle zu erkennen.

Wolkenverfärbung

Landwolken waren eines der untrüglichen Zeichen, an denen polynesische Seefahrer erkannten, dass eine erhöhte Küste unter ihnen liegen musste. Deutlich schwieriger wurde es hingegen bei den flachen Atollen mit ihren gefährlichen vorgelagerten Riffen und den dahinterliegenden Lagunen. Diese bemerkten sie jedoch meist, lange bevor sie die eigentliche Insel sahen. Über dem Meer sind die Unterseiten der Passatwolken leicht gräulich. Stehen diese »Wattebauschwolken« über einer türkisfarbenen Lagune, dann reflektiert die Farbe des Wassers an der Unterseite der Wolken. Diese sind dann nicht gräulich, sondern leicht türkisfarben, denn sie nehmen die Farbe der unter ihnen liegenden Lagune an. Eine verblüffend einfache Beobachtung, die Segler im Pazifik immer wieder machen können.

Den Wolken galt die besondere Aufmerksamkeit. Angeblich besaßen polynesische Seefahrer über zwei Dutzend Wörter, um Wolken zu beschreiben. Dies zeigte sich auch in geografischen Bezeichnungen, eine der bekanntesten lautet: *Aotearoa*, »Land der langen weißen Wolke«, Neuseeland.

Alles, was sich in der Natur anbot, haben die seefahrenden Polynesier genutzt: Sterne, Sonne, Wellen, Wind, Wolken, Vogelflug, Fischflug, Krebse, Spinnen, Verfärbung des Wassers, Funkeln des Abendhimmels und viele weitere Hinweise, von denen wir heute nichts mehr wissen. Sie ließen keine Zeichen der Natur ungenutzt, meist berücksichtigten sie mehrere Indikatoren gleichzeitig, um sich abzusichern. Die *tahunas* besaßen die Kunstfertigkeit, komplexe Vorgänge in der Natur zu bewerten und daraus die navigatorischen Schlüsse zu ziehen.

»Ein Kompass kann falsch anzeigen, die Sterne nie«, sagte mir der alte Pa Motulava aus Tikopia. Er selbst war noch als junger Mann in den 1940er-Jahren nach dem *kaveinga* in einem sieben Meter langen offenen Auslegerboot zu den 130 Seemeilen entfernten Banks-Inseln gesegelt. Übrigens ist er derselbe Mann, der mir bei meinem Aufenthalt auf Tikopia im Jahr 1997 mit einem Hämmerchen aus Fregattvögelzähnen und Tinte aus einer geriebenen Nuss das traditionelle Haifischsymbol auf den Oberarm tätowiert hatte.

Endstation Sehnsucht: Tikopia

Am 14. 3. 2009 deutete Karl auf einen winzigen Fleck am Horizont. Es war unser Ziel, die Insel Tikopia. Ich ermittelte mit dem GPS eine Distanz von 37 Seemeilen. Da ich inzwischen an die Chaostheorie glaubte, was das Wetter anging, wagte ich nicht vorherzusagen, wann wir dort eintreffen würden.

Wir benötigten noch eine Nacht und waren morgens um sechs Uhr zwei Seemeilen vor Tikopia. Dunkelgrün lag meine vertraute Insel im morgendlichen Gegenlicht vor mir. Im Norden sah ich den Berg Te Reani, nach Süden hin das flache fruchtbare Land und davor den leuchtend weißen Strand. Wir machten einen winzigen Punkt auf dem Wasser aus, ein Auslegerkanu kam uns entgegen. Ich nahm das Fernglas und erkannte meinen alten Freund Joseph Rotofangai. Mein Herz schlug höher. Mit Joseph verband mich seit dem Jahr 1989 eine Männerfreundschaft, wie ich sie so kaum in meinem Leben wieder erlebt habe, obwohl wir doch beide aus völlig verschiedenen Kulturen stammen.

Joseph hatte seinen typischen *lava lava* angelegt, aber heute zu Ehren des Tages auch sein bestes Hawaiihemd angezogen. Er kam an Bord, band sein Auslegerboot fest, und wir lagen uns in den Armen. Das tat gut!

Er und die anderen wussten, dass wir kommen würden. Ich hatte noch von Muruvai auf Vanikolo per Kurzwellenradio Schwester Monika, in deren Krankenstation der Sender von Tikopia steht, unsere Ankunft angekündigt. Und da sah ich auch Patterson, den zweitältesten Bruder des Häuptlings, wie er sich uns im Auslegerboot näherte. Neben seiner Hütte hatte ich 1997 mehrere Monate gewohnt, bei ihm und seiner Familie täglich gegessen. Hier erhielt ich auch meinen polynesischen Namen: *Pa Terauola*, »der Mann, der im Haus am Meer lebt«. Ich konnte es nicht fassen, nach 4000 Seemeilen angekommen zu sein: Wir waren in Tikopia!

Mit einem Hauch von Wind segelten wir durch die einzige Passage im Außenriff, die australische Pioniere vor 35 Jahren hineingesprengt hatten. Seitdem müssen die Kanus nicht mehr durch die gefährliche Brandung, wenn sie zum Fischen aufs Meer gelangen wollen. Keine zehn Meter vor dem Ufer wurde der Anker geworfen, wohl wissend, dass wir schon bald bei Ebbe aufsitzen würden.

Jeder hatte bereits seine persönlichen Sachen gepackt. Dann wurden alle Lebensmittel und Vorräte an Land geschafft. Patterson stellte uns eines seiner beiden Häuser zur Verfügung. Es war leer geräumt, nur Dutzende von Matten lagen am Boden, und mein altes Klappbett, das ich im Jahr 2003 mit nach Tikopia gebracht hatte, als ich die Insel nach dem furchtbaren Zyklon Zoe besuchte, wartete auf mich. Das Haus lag nahe am Strand, und Eve, Karl, Rüdiger, Matt und ich richteten uns darin ein.

Nachdem alle ihr Lager vorbereitet hatten, richteten einige von uns die Küchenecke ein. Ich hängte mein Moskitonetz über mein Bett, sortierte meine Sachen und machte mich auf den Weg zu meinem alten Freund Edward, der mittlerweile Ariki Tafua, einer der vier Häuptlinge, war. Er hatte natürlich längst Nachricht von unserer Ankunft erhalten und wartete in seiner nahen Hütte, der größten, ältesten und auch stabilsten auf der Insel mit den am schönsten geschnitzten Balken.

Auf dem Weg traf ich seinen ältesten Sohn John, der nach Edward Häuptling werden würde, und er brachte mich zu seinem Vater. Beide krabbelten wir auf allen vieren durch die nur circa 60 Zentimeter hohe Öffnung in das Dunkel der Hütte, und da saß Ariki Tafua an seinem ihm angestammten Platz. Er strahlte unter der üppigen Pracht seiner langen grauen Haarmähne, einem Zeichen seiner Würde. Ich krabbelte zu ihm, und wir hielten uns umarmt und gaben uns den *hongi*. Danach begrüßte ich seine Frau Na Tafua, Rose, seine Tochter, und andere Familienmitglieder, die da hockten, wo sie auch bei all meinen anderen Besuchen im Schneidersitz gesessen hatten.

Zuerst einmal packte ich meinen Rucksack aus und gab Ariki Tafua meine Geschenke: ein halbes Dutzend ausgewählter gebrauchter – aber sehr gut erhaltener – Markenpfeifen, dazu einige Tuben Voltaren gegen die Gelenkschmerzen, die viele ältere Menschen vom Tragen der meist mit Ernteprodukten bis zum Rand gefüllten Körbe haben.

Die Geschenke wurden mit wenig Beachtung zur Seite gelegt, ganz wie die Sitte es verlangte. Ein schwaches »*tangi fak auwe*«, »Danke schön«, kam über Ariki Tafuas Lippen. Als sein Vater noch den Titel trug, im Jahr 1989, stellte ich ihm die typisch »westliche« Frage, wie alt er sei. Er lächelte mich an: »Im Zweiten Weltkrieg wurde ich geboren.« Er könne sich noch erinnern, dass einmal ein amerikanisches Flugzeug am Strand notlanden musste, einige seien bei dem Crash gestorben, andere hätten überlebt. Wenige Tage später seien sie von einem amerikanischen Boot abgeholt worden, auch die Leichname. Man habe ihnen Wolldecken mitgebracht, eine besitze er heute noch. Seitdem hieß dieser Teil des Strandes *American Beach*.

Einige Tikopianer sprechen Englisch, was sie in der *Secondary School* gelernt haben, die meisten verstehen es zumindest. Ausführlich berichtete ich über unsere Reise und die Katamarane, die nach dem Vorbild des *vaka tapu* entstanden waren, das heute in Auckland im Museum steht. Ich berichtete dem Häuptling, auch gehört zu haben, dass es offensichtlich Meinungsverschiedenheiten gab, ob der damalige Erbauer des Bootes ein Mann aus Tikopia oder einer aus Anuta gewesen war. Es wurde viel gelacht, was immer der Fall ist, wenn ich mit Edward spreche. Alle rauchten Pfeife, und wenn einer gerade nicht rauchte, dann hieß es: »*sori mai te foikaula*« (»Gib mir die Betelnuss«) oder »*sori mai te vai*« (»Gib mir das Wasser«) oder »*sori mai te afi*« (»Gib mir das Feuer«). Zwischendurch wurden mir Speisen angeboten, denn kein Gast verlässt auf Tikopia eine Hütte, ohne dass etwas zu essen angeboten wurde.

Geschichten erzählen und zuhören sind die Lieblingsbeschäftigungen der Tikopianer, haben sie doch keine Zeitung, kein Radio, geschweige denn Fernsehen. Irgendwann wurde ich müde. Über Stunden im Lotossitz zu verharren ist auch für mich alten Südseetramp anstrengend, außerdem steckte mir die lange Reise noch in den Knochen.

Wir gingen alle früh ins Bett, besser gesagt, ich ging ins Bett, die anderen legten sich auf ihre aufblasbaren Matratzen. Jeder hatte ein Moskitonetz über sein Bettlager gespannt. Endlich kein Geschaukel mehr, kein Weckruf: »Klaus, kannst du mal kommen? Wir müssen reffen«, nur ein leichtes Schnarchen aus dem hinteren Teil der Hütte.

Der nächste Tag war Sonntag, ein absoluter Ruhetag. Die Tikopianer waren bereits um sechs Uhr in die Kirche gegangen und kamen zurück, als wir noch beim Frühstück saßen. Mein erster Weg führte mich zu Joseph, dem *toku soa*, meinem Freund. Er wartete mit seiner Frau Fanny auf mich. Auch hier gab es reichlich Geschenke: Pfeifen, zwei Kartenspiele (ich hatte vor Jahren das Spiel Mau-Mau auf der Insel eingeführt), ein Satz Holzschnitzwerkzeuge, Parfümprobefläschchen, T-Shirts mit dem *Lapita-Voyage*-Logo unserer Expedition und vieles mehr. Dann wurde erzählt. Joseph und Fanny wollten alles wissen. Ich wiederholte die Geschichten vom Vortag, mischte noch viel Privates dazu. Wir rauchten Pfeife, sie kauten Betelnuss, und wieder gab es zu essen, wie immer viel zu viel.

Fanny meinte, ich solle am nächsten Tag wieder zum Essen kommen. Sie würde in der Früh »den Ofen anmachen« – was nichts anderes heißt, als dass morgens im Garten geerntet

wird. Dann werden die Speisen zubereitet, während im Koch-
haus ein Feuer über faustdicken Lavasteinen angemacht wird.
Nachdem das Feuer die Steine erhitzt hat, werden die Speisen
fein säuberlich in Blatttaschen aus präparierten Bananen- und
Taroblättern eingewickelt und diese wiederum auf die heißen
Steine gelegt. Das Ganze wird dann mit großen Bananenblät-
tern zugedeckt. Manchmal kommen darüber noch alte Reis-
säcke, so vorhanden. Die Zubereitung der Speisen im *umo* be-
nötigt knapp drei Stunden.

Ein typisches Menü sieht auf Tikopia wie folgt aus: Kokosnüsse werden auf einem länglichen Hocker, an dessen schmaler Seite circa sieben Zentimeter lange Stahlzähne eingearbei-
tet sind, geraspelt. Früher benutzte man statt der Stahlzähne
bearbeitete Muschelteile. Das Geraspelte wird in einer großen
Holzschüssel aufgefangen. Danach nimmt man den Bast der
äußeren Schale der Kokosnuss, legt Raspelmasse hinein und
zwirbelt an beiden Enden die Bastfasern so, dass sie wie eine
Presse wirken und die Kokosnussmilch aus dem Geraspelten
drücken. Diese Milch wird der zuvor ebenfalls geraspelten
Masse aus Tarowurzeln hinzugefügt. Das Ganze wird mit dem
starken unteren Teil des Stiels eines Bananenblattes, der Blatt-
spreite, gemischt. Der sogenannte Taropudding wird dann in
Blatttaschen verpackt. Meist gibt es dazu Fisch, der, ohne ihn
auszunehmen, in Blätter eingewickelt wird. Brotfrüchte, Süßkartoffeln, Maniok und Kochbananen werden in ganzen Teilen gegart. Eine Köstlichkeit für *palangi*-Zungen ist Sagopalmstärke mit Papayastücken, die ebenfalls im *umo* gegart und in
halben Kokosnussschalen gereicht werden.

Zusätzlich gibt es immer wieder Speisen aus dem *mase*,
einem Erdloch, in dem die Polynesier Brotfrüchte und Kochbananen fermentieren lassen. Diese Erdlöcher liegen höher,

damit bei einem Zyklon oder Tsunami die Notrationen nicht vom Wasser zerstört werden. Bis zu zwei Jahre lässt man die Speisen im *mase*, bevor man sie isst und durch neue Früchte ersetzt. Man erkennt sofort den Geschmack von fermentierten Früchten, schmecken sie doch ein bisschen wie Käse.

Kai kai war also für den nächsten Abend bei Joseph und Fanny angesagt, alle meine Mitsegler sollten ebenfalls kommen. Und Karl sollte seine Ukulele mitbringen.

Auf Tikopia gibt es keinen Strom, keine Beamten, keine Läden, kein Geld. Das Leben dreht sich um die Ernährung, um das Haus, um die Familie. Die Arbeit auf dem Feld ist hart. Oft liegen die Felder weit entfernt, und in Körben muss die Ernte herbeigeschafft werden. Auch die Zubereitung des Essens ist langwierig, und die ganze Familie hilft – auch die Männer. Im Küchenhaus kann man es vor lauter Qualm nicht lange aushalten. Fast alle älteren Frauen haben Augenprobleme. Zeit bleibt für die oft zweimaligen Kirchenbesuche am Tag, für den Schwatz mit den Nachbarn und das Leben an sich. Oft sind die Menschen bis früh in den Morgen wach, rauchen, kauen Betelnuss, erzählen, singen und genießen die Abkühlung. Die Hütten haben keine Einteilung. Jeder bekommt vom anderen alles mit. Ein individuelles Leben, wie wir es kennen, gibt es nicht. Man lebt sozusagen in der Öffentlichkeit. Etwa viermal im Jahr kommt ein Versorgungsschiff und bringt das Wichtigste zum Leben: zum Beispiel Petroleum für die Lampen. Die Häuptlinge bestimmen die Gesetze und Regeln. Über vielen Dingen des Lebens liegt ein *tapu* (Tabu). Die ungeschriebenen Gesetze lassen keine individuellen Freiheiten zu. Wer ausschert oder mit diesen stringenten Vorgaben nicht klarkommt, sieht als letztes Mittel oft nur noch den Selbstmord. Frauen stürzen sich von Klippen, Männer fahren in ihrem Kanu aufs Meer.

Was auf den ersten Blick so paradiesisch aussieht, hat auch seine Schattenseiten.

Inzwischen fühlten sich meine Freunde heimisch. Sie kletterten auf den Bergsattel, konnten von dort aus auf Te Roto, den Binnensee, schauen, einen ehemaligen Kratersee. Allein dieser Ausblick rechtfertigte den mühseligen steilen Weg nach oben. So geschickt die Tikopianer auch sind, sie haben es nicht geschafft, einen bequem begehbaren Weg zum Bergsattel anzulegen. Man muss einen steilen Pfad nach oben erklimmen, sich an Wurzeln festhalten, bei Regen rutscht man im Schlamm ab, leichtes Geröll macht es auch ohne Nässe gefährlich. Schon bei meinem ersten Besuch wollte ich den Vorschlag machen, Serpentinen mit Steinen und Holzpflöcken als Befestigung zu bauen, damit kein Erdreich abbröckelt. Als meine Mitsegler von ihrer Bergtour zurückkamen, wirkten sie ziemlich erschöpft. Man merkte ihnen an, dass sie sich wochen- und monatelang nicht richtig bewegt hatten.

Auf dem Bergsattel liegen fruchtbare Felder, die wie die Hänge des höchsten Berges Te Reani landwirtschaftlich genutzt werden. Auf den ersten Blick wirkt die Insel wie eine grüne tropische Busch- und Baumlandschaft. Erst der zweite Blick offenbart, dass selbst an den steilsten Hängen noch Gärten zu finden sind.

Die Insel, das Klima, der weiße Strand, die Palmen, die Freundlichkeit und Herzlichkeit der Menschen öffneten jedem meiner Mitsegler das Herz. Ich merkte, wie sie sich in ihr neues Glück fallen ließen. Endlich war Schluss mit dem anstrengenden Leben auf dem Boot. Jetzt herrschte Urlaubsstimmung »Marke Südsee«.

Es war eines der wesentlichen Vorhaben unserer Expedition, die Boote am Ende der Reise den Einwohnern von Tikopia und

Anuta zu schenken. Dieses Geschenk war auch die Begründung dafür, dass der Trägerverein der Expedition »Help Tikopia und Anuta e.V.« den Status der Gemeinnützigkeit vom Finanzamt erhalten hatte.

Weshalb verschenkten wir die beiden Boote? Ich habe bereits den historischen Hintergrund beschrieben, dass alle vier Kolonialmächte ihren Untertanen im 19. Jahrhundert verboten hatten, mit ihren Booten Hochseereisen zu unternehmen. Die Folge war der unmittelbare Verlust der Kunst des Bootsbaus und der damit verbundenen Naturnavigation. Hierbei kam natürlich hinzu, dass die Einheimischen sich auf den großen Segelschiffen und später Dampfschiffen der Kolonialherren sicherer fühlten, sowie ein gewisser Prestigebonus dieser Schiffe, die inzwischen auch einen regelmäßigen Fährverkehr anboten. Insofern sahen James, Hanneke und ich es als eine Art später Wiedergutmachung an, die Katamarane an die Polynesier zu verschenken, denen man einst verboten hatte, ihre eigenen Hochseeboote zu benutzen.

Es kam aber bei uns dreien noch ein zweiter wichtiger Faktor hinzu: Wir wollten auch die hohe Kunst des polynesischen Bootsbaus würdigen, ihr eine Plattform geben und sie der interessierten Welt vorstellen: Seht her, solch hochseetüchtige Boote haben die Polynesier gebaut! So schön waren sie! Und solch lange Strecken konnte man mit diesen Booten bewältigen!

Durch unsere Expedition ist den Menschen auf den verschiedenen Inseln bewusst geworden, welch wertvolle Tradition mit den Booten ihrer Vorfahren verloren gegangen ist. Es ist nur knapp zwei Jahre her, dass wir die Expedition beendet haben, und noch immer erhalten meine Partner und ich Anfragen von pazifischen Inselbewohnern nach Nachbauten. Aber wir hören auch aus ganz anderen Teilen des pazifischen Raumes, dass traditionelle Boote wieder gebaut und genutzt werden. Es scheint, dass zurzeit ein »*traditional boat revival*« (so die Zeitung »New Zealand Herald«) stattfindet. Vielleicht haben wir unseren Teil dazu beigetragen?

Der eintägige Probeschlag mit jungen Männern von allen vier Häuptlingsklans verlief wie erwartet. Sie waren alle gute Seeleute, denen ich lediglich ein paar Tricks mit dem Segelsetzen und dem Steuerpaddel beibringen konnte.

Nach dem Schlag legten wir ein paar Rundhölzer auf den Strand, und im Nu war der Katamaran das erste Mal an Land. Er stand endlich mit beiden »Beinen« auf seiner Bestimmungsinsel Tikopia. Hier wurde er sofort mit hellgrünen jungen Trieben der Sagopalme dekoriert. Am nächsten Tag sollte die Taufe stattfinden.

Es war Mittwochmorgen. Ich wurde von Patterson gebeten, in seine Hütte zu kommen. Er kleidete mich auf traditionelle Art ein, wickelte den Lendenschurz aus *tapa* um meine Hüften und legte darüber eine Häuptlingsmatte, die mit einem Gürtel aus Fasern befestigt wurde. Die Matte hatte ein rotes eingeflochtenes Muster, das nur Häuptlinge tragen. Für den heutigen Tag war ich demnach Häuptling *number five*. Dann rieb Patterson auf meinen Oberkörper und die Arme Kurkuma, und schließlich erhielt ich den üblichen Frangipaniblütenkranz. Als ich zu unserer Hütte kam, waren auch die anderen Crewmitglieder traditionell gekleidet, allerdings ohne die Matte um die Hüften.

Inzwischen hatte sich auf dem freien Platz, der von hohen Schatten spendenden Bäumen umgeben war, einiges getan. Von überall strömten traditionell gekleidete und geschmückte Menschen herbei.

Ich wurde in die Hütte von Ariki Tafua gebeten, wo mich auch die drei anderen Häuptlinge mit dem *hongi* begrüßten. Man erkennt einen Häuptling allein schon an seinen langen Haaren. Heute waren sie zusätzlich festlich gekleidet. Allerdings hatten sie im Gegensatz zu mir noch einen großen Palmenzweig hinten in ihre Gürtel gesteckt, der etwas über ihre Köpfe hinausragte. Dies dürfte so etwas wie eine Königskrone sein. Um den Hals hingen unterschiedlich große christliche Kreuze an Ketten. Ich gab auch den drei anderen Häuptlingen meine Geschenke, und gemeinsam schritten wir zum gut besuchten Festplatz.

Auf einem kleinen Sandhügel setzten wir uns nebeneinander auf die ausgebreiteten Matten. Ich saß außen neben Ariki Tamauko. Links von unserer »Empore« hatten sich die Geistlichen im Ornat versammelt. Den früheren Bischof, der auf Tikopia geboren war, aber in anderen Provinzen gewirkt hatte, erkannte ich an seinem Bischofsstab, daneben sah ich zwei Priester und drei junge Messdiener. Sie bereiteten sich auf die Bootstaufe vor. Gegenüber hatten sich die Schüler aufgereiht, vielleicht 50 an der Zahl, alle im Lendenschurz aus *tapa*, alle geschmückt. In einem großen Halbkreis saßen die Tikopianer auf ihren Matten, ab und zu erkannte ich einen *palangi*, einen Mitsegler.

Es lag eine große Ruhe über der Versammlung. Bestimmt auch eine große Erwartung. Die Einzigen, die Bewegung in das Bild brachten, waren Matt mit seiner Filmkamera und Rüdiger mit seinem Fotoapparat, die beide auf Motivsuche waren.

Plötzlich kam Unruhe in die Versammlung. Es passierte etwas, was ich nur aus westlichen Ländern kannte: Die kirchlichen Würdenträger forderten zur Eile auf. Der Bischof erhob sich und schritt würdevoll Richtung Meer. Ihm folgten die beiden Priester und dahinter die Messdiener, die die Weihrauchbehälter nach beiden Seiten hin schwenkten, sodass der betörende Duft im Nu über dem Platz lag. Dahinter reihten sich die Häuptlinge und ich ein, danach kamen meine Mitsegler und viele Tikopianer. Es ging zu unserem Katamaran, dem Nachbau ihres *vaka tapu*. Ein Teil der Tikopianer bildete auf dem Weg zum Meer ein Spalier, durch das wir gingen. Die Geistlichen hatten das Lied der anglikanischen Kirche angestimmt, das auch uns wohlvertraut war: »Großer Gott, wir loben dich, Herr, wir preisen deine Stärke ...«. Mir lief es kalt den Rücken hinunter, meine Knie wurden weich, und ich musste mit den Tränen kämpfen.

Als wir bei der dritten Strophe an der *Lapita Tikopia* ankamen, hielt der Zug inne. Vor uns lag das Boot, leicht schräg über den Strand gezogen, bereits im Schatten der ersten Bäume. Die jungen, zarten hellgrünen Palmwedel, mit denen das Boot dekoriert war, leuchteten gegen das Blau des Meeres und des Himmels an. Mehrfach wurde das Boot von den Geistlichen und den Häuptlingen umkreist. Der Bischof ging voran, Weihrauch lag in der Luft. Neue Kirchenlieder auf Polynesisch wurden gesungen.

Dann taufte der Bischof das Boot und sprühte etwas von seinem geweihten Wasser über einen Bug. Eine kurze Liturgie schloss sich an. Danach traten die Geistlichen zurück, und die vier Häuptlinge schritten vor. Ich hielt mich im Hintergrund. Ariki Kafika, der jüngste Häuptling, hielt eine geöffnete grüne Kokosnuss in beiden Händen. Er sprach langsam ein paar polynesische Worte. Ich vernahm auch ein Dankeschön an uns. Dann taufte er das Boot, indem er beide Rümpfe mit dem Wasser der Kokosnuss beträufelte.

Alle verharrten eine Weile, und es blieb Zeit, die einzigartige Zeremonie aus christlichen und traditionellen Elementen zu genießen. Ich war erleichtert, dass wir das Boot und seine Crew bis hierhin geführt hatten. Ich wusste, meine Mission war erfüllt. Der berühmte Stein fiel mir vom Herzen. Ab ging's zur Party à la Tikopia!

Alle kehrten zum Versammlungsplatz zurück. Wir setzten uns auf unsere Matten. Die Frauen hatten bereits am Morgen das Essen vorbereitet, doch es waren Männer, die die Häuptlinge und mich bedienten. Auch meinen Freunden wurde Essen gereicht. Alle aßen traditionsgemäß mit der Hand.

Plötzlich sang ein Chor von Kindern. Dann stand ein Mann vor uns, den ich als Lehrer kannte, und hielt eine Ansprache mit den herzlichsten Dankesformulierungen auf die *palangis* und ihr Geschenk. Der Katamaran, gebaut nach dem Vorbild ihres traditionellen *vaka tapu*, so sagte er, habe schöne Erinnerungen zurückgebracht. Noch niemals hätten sie solch ein nützliches Geschenk erhalten. Dann sprach er über die Bräuche der Insel und darüber, dass die Häuptlinge die alte polynesische Tradition bewahren wollten.

Schließlich überreichte er mir Geschenke: einen geschnitzten Speer, eine geflochtene schöne Matte, eine Muschelkette mit einem symbolischen Angelhaken aus Muschelschale geschnitzt, eine Holzschale mit Delfinmuster, darin eine zusammengebundene Kokosnussschnur. Was ich mit der anfangen sollte, war mir unklar, gilt diese im traditionellen Tikopia doch als Brautgeld ... Auch meine Mitsegler wurden reichlich beschenkt.

Da Tikopianer gerne Geschichten hören, würzte ich meine Danksagung und Erwiderung mit ein paar Anekdoten von unserer Reise. Ich erzählte vom Bootsbau, berichtete von meinen nicht anwesenden Partnern Hanneke und James, die sie ja seit dem Jahr 1996 kannten. Und ich sprach auch über den Begriff »Tradition«, der auf Tikopia so eindringlich gelebt wird, in einer Zeit, die mehrheitlich fortschrittsgläubig ist. Ich versuchte, meinen Vorredner zu bestärken, indem ich betonte, dass Tradition weniger mit Vergangenheit zu tun hätte als vielmehr mit Zukunft.

Kaum hatte ich mich gesetzt, gingen die vier Häuptlinge nach vorne. Ein Trommler bestimmte den Rhythmus, und die drei alten und der junge Häuptling tanzten ihren *Chief's Dance*. Ich fand mich tief in die Urzeiten der Südsee zurückversetzt. Wenn da nicht die Ketten mit den Kreuzen gewesen wären – ja, wenn...

Dann traten weitere Tänzer auf. Es war eine geschulte Gruppe von 20 Frauen und Männern, alle wunderschön geschmückt. Sie zeigten Erntedanktänze, Tänze vom Fischen, vom Paddeln, von Freundschaft und vom Abschied.

Immer noch lag Weihrauchduft über dem Platz, der sich nun mit Tabakgeruch mischte, der aus den vielen Pfeifen kam, die ich mitgebracht hatte, und den riesengroßen selbstgedrehten Zigaretten aus ganzseitigem Schulheftpapier.

Ich musste an die Geschichte denken, die man mir vor Jahren erzählt hatte, wie der Tabak nach Tikopia kam. Es war Mitte des 19. Jahrhunderts, als auf den fruchtbaren Feldern von Fidschi und Queensland (Australien) Arbeiter für die Zuckerrohrplantagen fehlten. Die Einheimischen waren damals nicht zu harter Arbeit zu bewegen. Also suchten sogenannte *Blackbirders*, meist australische Kapitäne mit ihren Mannen, auf den polynesischen Inseln nach jungen starken Männern. So waren sie auch nach Tikopia gekommen und hatten Männer mit falschen Versprechungen oder auch mit Gewalt auf die Zuckerrohrplantagen der Fidschi-Inseln gebracht. Nach zweijähriger Arbeit wurden sie entlohnt, wobei sie lediglich wählen konnten zwischen einer Machete und einer Axt. Während ihres Aufenthalts hatten sie beim Weißen Mann den Tabak entdeckt, wussten, wie sie an die winzigen Samen herankamen, und versteckten diese in ihrem After und ihren Schamhaaren, mussten sie sich doch bei der Abreise nackt ausziehen, um zu zeigen, dass sie nichts hatten mitgehen lassen. Jetzt musste ich daran denken, dass alle Ursamen ihrer Tabakpflanzen zuerst einmal in einem tikopianischen Hintern gesteckt hatten. Hmmm ...

Langsam neigte sich das Fest dem Ende zu. Die Menschen gingen ihrer Wege, und wir *palangis* genossen den Abend in unserer Hütte bei einem Sundowner vom letzten Rumrest und bei Crêpes Suzette von unserem Gourmetkoch Karl.

Abschied

Zwei Tage nach dem Tauffest sahen wir am Morgen die Silhouette der *Lapita Anuta* um das Nordkap herumkommen. Sie segelte auffallend ortskundig durch die Passage und ankerte nahe dem Strand. Ich erkannte auch schnell die neue Besatzung. Neben Hanneke, ihrem Sohn Jamie, Kameramann Ingo und Tulano von den Tokelau-Inseln sah ich fünf neue Gesichter. Es waren alles Segler aus Anuta, angeführt von ihrem Navigator Frederic.

Überschwänglich berichtete Hanneke von der Reise nach Anuta, die nur einen Tag länger gedauert hatte als unsere nach Tikopia; von der punktgenauen Navigation von Tulano; wie die Männer von Anuta hinausgeschwommen waren und das

Boot durch die Brandung zum Strand gebracht hatten, wie es sogleich an Land gezogen wurde. Sie berichtete von dem Fest am Strand, den Tänzen, und wir erfuhren, dass sie ähnlich warmherzig empfangen worden waren, dass das Boot ebenfalls auf traditionelle Weise getauft worden war. Sie berichtete von günstigen Windbedingungen, die es ermöglicht hatten, die knapp 80 Seemeilen von Anuta nach Tikopia in nur 13 Stunden zu bewältigen.

Nein, sie hätten keinen Einweisungstörn gemacht, sondern die Überfahrt selbst war die Einweisung. Sie und die alte Crew hätten sich zurückgenommen. Die neue Crew der Anutaner hätte übernommen und das Boot nach Tikopia gesegelt. Hanneke und ich hatten somit die gleiche Erfahrung gemacht: Die Männer von Anuta und Tikopia sind die geborenen Segler.

Wie wir nach Anuta navigierten

VON TULANO TOLOA

Es war Donnerstag, der 12. 3. 2009, als wir den Katamaran für die 170 Seemeilen lange Fahrt zur Insel Anuta präparierten. Bevor wir ablegten, zeigte mir Hanneke eine Seekarte, auf der ich die Lage der winzigen Insel Anuta im Vergleich zu der großen Vulkaninsel Vanikolo erkennen konnte. Ich machte mir eine optische Vorstellung von der Ausgangs- und der Zielinsel. Unter Einbeziehung von Wind und Wellen gab ich dem Steuermann Jamie den Kurs an, den er steuern sollte.

Zusammen mit Ingo, Hanneke und Caulton diskutierten wir den Windkompass meiner Heimat, der Tokelau-Inseln. Die alten Geschichten von Navigatoren aus Tokelau, die an den Fahrten zur Zeit der Tu'i-Tonga-Dynastie teilnahmen, werden bei uns immer noch erzählt. Diese weiten Reisen führten unter anderem auch zu den Atollen Sikaiana und Ontong Java, die zum heutigen Staat der Salomonen gehören, in dessen Gewässern wir derzeit segelten.

Am Freitag war die Sicht auf die Insel Vanikolo achteraus noch gut. In der Nacht hatten wir das Sternbild des Orion vor uns, das in unserer Kultur *talu* heißt und sehr wichtig ist, denn wenn es direkt über uns steht, können wir anhand seiner Sternenkonstellation zu den verschiedenen Atollen der Tokelau-Inseln steuern.

Tagsüber wurde ich müde, aber die Erinnerung an meine beiden verstorbenen Onkel hielt mich wach. Elia Tinielu und Palau Koro waren meisterliche Fischer und Häuptlinge, die für ihre Bemühungen um den Erhalt der Traditionen bekannt waren. Ich wähnte sie beide an Bord, fühlte, dass sie mich ermutigten und mir dabei halfen, mich permanent auf die Navigation und den Landfall zu konzentrieren, hing doch davon unser aller Erfolg ab.

Die Fahrt am Sonnabend verlief ruhig, bis wir von einer kurzen tropischen Starkwindphase getroffen wurden. Ich konnte das alte Wellenbild nicht mehr verwenden und nahm die neue Formation der Wellen auf, die jetzt in einem Winkel von circa 50 Grad kamen. Es gab noch zwei weitere Wellenrichtungen, sodass ich jetzt insgesamt drei Wellenbilder ausmachen konnte, anhand deren ich meinen Kurs deutete. Für kurze Zeit besserte sich das Wetter, die Sonne kam hervor, und ich schätzte die Zeit auf drei Uhr nachmittags. Der Kurs schien zu stimmen, und der Wind drehte auf 20 Grad.

Am Abend ließ der Wind komplett nach. Der östliche Himmel war wolkenlos. Man konnte die Sterne erkennen. Der Ozean war glatt. Eine leichte Brise kam auf und ließ uns langsam vorankommen. Ich steuerte bis spät in die Nacht, bis Caulton mich ablöste, und bat ihn, nach dem Stern im Sternbild des Skorpions zu steuern, der in meiner Sprache *melemele* heißt. Am nächsten Morgen hatten wir immer noch ein Wellenbild aus Nord und ein anderes aus Südost.

Am Sonntag war es bedeckt, aber achteraus im Westen sowie im Süden war der Himmel wolkenlos. Wir steuerten nach einem Stern, *puaga* genannt, der im Osten aufgeht. Im Süden sahen wir schwach die Insel Tikopia, und Caulton erzählte mir, dass wir richtiglägen, denn auf der Reise von Vanikolo nach Anuta könnte man Tikopia immer in dieser Richtung peilen. Am Spätnachmittag konnte ich Anuta noch nicht ausmachen. Ich bat meine Crew, das große Segel gegen das kleinere auszutauschen, um zu vermeiden, in der Nacht an Anuta vorbeizusegeln.

Um Mitternacht übernahm ich das Steuer von Jamie. Es war windstill und sah aus, als ob Nebel über dem Ozean liege. Ich sah den Mond und erkannte auch an dem leichten Wellenbild, dass wir nicht auf Kurs waren. Es war fast unmöglich, den Kurs zu halten, denn es gab kaum Wind. Als Ingo das Ruder übernahm, bat ich ihn, auf den Mond zuzusteuern, der ja im Osten aufgeht und sich über uns hinwegbewegte, um dann im Westen unterzugehen. Ich ging für ein paar Stunden schlafen. Als ich kurz vor Tagesanbruch aufwachte, war der Horizont vor uns blutrot, und Delfine begleiteten uns.

Nachdem die Delfine unser Boot 20 Minuten umkreist hatten, verhielten sie sich an Steuerbord still, lagen im Wasser, zeigten mit dem Kopf nach Osten. Als ich in diese Richtung blickte, sah ich eine winzige Erhebung. Ich fragte Caulton, ob er sie auch sehe, denn ich hatte Angst, geträumt zu haben. Doch er bestätigte mir, dass die Delfine nach Anuta wiesen. Ich nahm es als Zeichen Gottes, dass die Tiere uns den Weg zum Land gezeigt hatten. Wir steuerten auf die Insel zu, und ich war froh, dass meine Mission beendet war. Ich dankte Gott, uns sicher nach Anuta geleitet zu haben, und war stolz, meine Heimat, die Tokelau-Inseln, gut vertreten zu haben.

Während Hanneke und ihre Crew ihre Antrittsbesuche bei den Häuptlingen machten und die Insel erkundeten, hatte ich Zeit, über die fünfmonatige Expedition nachzudenken. Wir hatten uns hierfür vier Ziele gesetzt:

- Wir wollten als Erste den Migrationsweg der Lapita-Leute, der möglichen Vorfahren der Polynesier, nachsegeln. Der Weg dieser Seenomaden führte von Südostasien in den Pazifik. Was diese Menschen in ein paar 1000 Jahren geschafft hatten, mussten wir in knapp einem halben Jahr erreichen. Es war gelungen!
- Wir wollten auf dieser Expedition Beweise dafür erbringen, dass die von uns gewählte Route eine reelle Möglichkeit für die Völkerwanderung der Lapita-Leute darstellte. Dies wurde dadurch bestätigt, dass wir unterwegs zweimal Lapita-Keramik gefunden haben. Deren Identität und Datierung haben uns mitgereiste Wissenschaftler bestätigt.
- Wir wollten einen zusätzlichen Beweis erbringen, den richtigen Migrationsweg identifiziert zu haben, indem wir DNA-

Proben von verschiedenen Haustieren genommen hatten. Diese werden zurzeit in einem Labor in Durham, England, analysiert.

- Wir wollten beweisen, dass die Migrationsetappen damals mit Booten, die den unseren ähnlich waren, bewältigt werden konnten und wurden. Sicherlich waren die Rümpfe und auch die Segel aus anderen Materialien, aber die Grundidee, ein Doppelrumpfboot dieser Größe zu wählen, alle Verbände mit Tampen festzulaschen, ein Steuerpaddel zu benutzen und das traditionelle Krebsscherensegel zu verwenden, war die gleiche.

All das ging mir durch den Kopf, als ich oberhalb des fast weißen Strandes im Schatten der Bäume saß und aufs Meer schaute. Plötzlich drang das Horn eines Schiffes an meine Ohren. Es war die *Kesoko*, die eigentlich erst am nächsten Tag kommen sollte. Sie kam überpünktlich um das Kap herum und warf ihren Anker weit vor der Passage.

Auf einmal wurde es hektisch. Alle mussten zügig ihre Sachen packen, denn in drei Stunden wollte die *Kesoko* bereits wieder ablegen. In Eile verabschiedete ich mich von Edward, seiner Familie, von Patterson und seiner Frau, unseren Gastgebern, von Joseph und Fanny. Es war kein »*Bye-bye-see-you-again*«, es war ein tränenreicher Abschied. Das gehört zum Leben der Polynesier dazu: tiefe Gefühle zeigen. Aber kurz darauf wurde wieder gelacht. Auch das war Teil ihrer Kultur.

Als die *Kesoko* ablegte, war es bereits dunkel. So blieb es mir erspart, endlos winken zu müssen. Ich mag keine langen Abschiede. Vielmehr die Freude auf ein baldiges Wiedersehen.

Meine *Selat Patientie* hatte nun ein Ende.

Glossar

Seemannssprache

A

achteraus – alles, was sich hinter dem Schiff befindet

Achterknoten – Seemannsknoten in Form einer Acht

achterlich – der hintere Teil eines Bootes

achtern – hinten am Boot

Achterschiff – der hintere Teil des Bootes

am Wind segeln – den höchstmöglichen Winkel zum Wind auf einem Bug segeln

Anemometer – Gerät zur Messung der Windgeschwindigkeit

Anker aufgehen – den Anker vom Grund mit der Ankerkette an Bord nehmen

Anker ausbringen – den Anker, der an der Ankerkette hängt, im Ankergrund eingraben

Ausleger – ein meist hölzerner Schwimmer, der parallel zum Boot mit Querstreben festgemacht ist

Auslegerboot – Boot mit einem oder zwei Auslegern

ausreffen – nachdem die Segelfläche verkleinert wurde, diese wieder vergrößern

B

back – ein Segel steht back, wenn es den Wind von der falschen Seite erhält und dadurch die Fahrt aus dem Boot genommen wird

Backbord – die linke Seite eines Bootes, vom Heck zum Bug gesehen

Beam – engl. Begriff für Querbalken bei Katamaranen

Beaufort – Maßeinheit für Windgeschwindigkeit

belegen – Leinen festmachen

bergen – das Segel herunternehmen

Besanmast – der hintere Mast

Besansegel – Segel am hinteren Mast

Bug – Vorderteil eines Bootes

C

Chronometer – sehr genau gehende Uhr

Cockpit – der meist vertieft ins Deck eingebaute Raum zum Steuern eines Bootes

D

Dingi – Beiboot

E

eine Welle unterschneiden – mit dem Bug des Bootes durch Wellen segeln

Einhandsegler – jemand, der allein segelt

einklarieren – den Behörden die Schiffs- und Mannschaftspapiere zur Abfertigung vorlegen, um in ein Land ein- oder auszureisen

ein Segel dichtholen – den Winkel des Segels zum Wind verkleinern

Etmale – die Seemeilen, die ein Boot innerhalb von 24 Stunden zurücklegt

F

Fall – das Seil, mit dem man ein Segel hochzieht

Fallwind – böenartige Winde, meist von hohen Küstenbergen herunter zum Wasser

festlaschen – festbinden

fieren – aus einem Seil (Tampen, Fall, Schot) den Zug etwas herausnehmen

Flaute – kein Wind

Freiwache – freie Wache, kein Dienst

G

Gaffelrigg – ein viereckiges Segel, das vorne am Mast sowie unten und oben mit Rundhölzern verbunden ist

gegen den Wind aufkreuzen – den höchstmöglichen Winkel zum Wind segeln; erst auf dem einen Bug und dann, nach einer Wende der Segel, auf dem anderen Bug

Gräting – gitterartiger Holzrost

Großsegel – das Segel, das am Großmast befestigt ist

H

halber Wind – der Wind, der die Längsachse des Schiffes in einem
   Winkel von etwa 90 Grad trifft

Halse – das Boot mit dem Heck (Hinterschiff) durch den Wind
   führen

handiger Wind – stärkere Windverhältnisse

Havarie – Schaden am Schiff

Heck – der hintere Teil eines Schiffes

Holepunkt – der Punkt an Deck, an dem der optimale Winkel zum
   Ziehen der Schot eines Vorsegels verläuft

Huk – Landvorsprung an der Küste

I

in den Wind gehen – den Bug eines Bootes genau in die Windrichtung führen

in Schlepp nehmen – abschleppen

J

Jolle – kleines offenes Boot

K

Kenterung – wenn sich ein Boot mehr als 90 Grad zur Seite neigt

Kiel – der unterste Teil des Bootsrumpfes

Klampe – ein Beschlag an Deck, an dem man eine Leine befestigt
   (Festmacher), die meist zum Land führt

Knoten – Maßeinheit der Bootsgeschwindigkeit, 1 Knoten (Kn)
   entspricht 1 Seemeile pro Stunde (sm/h)

Koje – Schlafplatz an Bord

koppeln – den Standpunkt eines Schiffes auf dem Meer nur nach
   der geschätzten zurückgelegten Strecke (Geschwindigkeit) und
   dem gesegelten Kurs festlegen

Kopraschoner – so nannte man im 19. Jahrhundert Segelschiffe, die
   auf den pazifischen Inseln die Kopra (getrocknetes Nährgewebe
   der Kokosnuss) aufluden und zu einem zentralen Hafen brachten

Krängung – wenn sich ein Boot durch den Winddruck aufs Segel
   zur Seite neigt

Krebsscherensegel – Segel in Form einer Krebsschere, das V-förmig
ist und an jeder Seite eine Spiere hat
kreuzen – den höchstmöglichen Winkel zum Wind segeln;
erst auf dem einen Bug und dann, nach einer Wende der Segel,
auf dem anderen Bug
Kreuzsee – wenn Wellen aus verschiedenen Richtungen kommen
Kurs anlegen – Segel und Ruder so einstellen, dass das Boot den
gewünschten Kurs segelt

L

Lateinerrigg – lange, leicht gebogene Spiere, die das Lateinersegel
trägt
laufendes Gut – alle Leinen, die zum Setzen und Bedienen der
Segel notwendig sind
Lee – die windabgewandte Seite des Bootes
Legerwall – die Küste an der windabgewandten Seite des Schiffes
Lose – das Durchhängen einer Leine
Luvgierigkeit – das Bestreben einer Jacht, mit dem Bug zum Wind
hin zu drehen, was bei zu starker Luvgierigkeit meist auf falsche
Besegelung zurückzuführen ist

M

Marconirigg – das bei uns übliche Segelrigg mit dem spitz nach
oben verlaufenden Segel
Masttopp – Spitze des Mastes
Monsun – Winde in tropischen Zonen, meist aus nordwestlicher
Richtung

O

Optimistenboot – kleines Ausbildungsboot für Kinder

P

Passatwind – Winde in tropischen Zonen, meist aus östlicher
Richtung
Pinne – Kurzbezeichnung für Ruderpinne, mit der gesteuert
wird

Probeschlag – der allererste Segeltörn mit einem Boot nach dem
  Bau oder einer Reparatur
Pütz – Eimer

R

Rahsegler – traditionelles großes Segelschiff mit mehreren
  viereckigen Rahsegeln
raumer Wind – wenn der Wind mit einem Winkel von ca. 135 Grad
  auf die Längsachse des Bootes trifft
Reede – Ankerplatz
reffen – Segel verkleinern
Rigg – alles, was zu den Masten gehört
Ruder gehen – ein Boot steuern
Rudergänger – derjenige, der das Boot steuert
Rumpf – der Körper eines Bootes
Rüsteisen – ein meist metallischer Beschlag an jeder Seite des
  Rumpfes, an dem die Wanten befestigt werden, die den Mast
  seitlich halten

S

Schot – Leine, mit der die Segel mehr geöffnet oder geschlossen
  werden
Schotverbindung – Leinen, die zur Schot führen
Schwell – Wellen, die nicht von einem vorherrschenden Wind
  herrühren
Seemeile – Maßeinheit, 1 Seemeile (sm) entspricht ca. 1,852 Kilo-
  meter
Setzbord – Planke, mit der man den Rumpf erhöht
Skiff – von einer Person gerudertes (Regatta-)Ruderboot
Solarregler – elektronisches Gerät, das den Strom von einer
  Solarzelle zur Batterie regelt
Spanische Winde – mittels eines Holzknüppels wird durch Drehen
  Zug auf eine Leine gebracht
Spantenriss – Querschnittsform eines Bootes
Spiere – ein Rundholz
Stage – Drähte oder Seile, die einen Mast nach vorne und hinten
  halten

Starkwind – Wind mit über 35 Knoten Windgeschwindigkeit
  (über 7 Beaufort)
Steckschwert – ein fest mit dem Boot verbundenes Spezialbrett
  (auch aus anderen Werkstoffen), das man meist senkrecht ins
  Wasser lässt, um eine größere Stabilität zu erhalten
Steuerbord – die rechte Seite eines Bootes, vom Heck zum Bug
  gesehen
Steuerpaddel – ein großes Paddel, mit dem anstelle eines Ruders
  gesteuert wird

T

Takling – Sicherung einer Leine durch Umwickeln mit Takelgarn
Talje – Flaschenzug
Tampen – Seil, Leine
Törn – Seereise
Trosse – schwerer Tampen

V

Verband – der Verbund zweier Werkstoffe
Vorhaltewinkel – der Winkel zum Kurs, den man vorhalten muss,
  um die Abdrift oder eine Versetzung durch Strom auszugleichen
Vorschiff – vorderer Teil des Bootes

W

Wache gehen – eine zeitlich begrenzte Zeit Wache halten
Want – seitliche Drähte oder Seile, mit denen der Mast gehalten
  wird
Widerlager – Stütze, Punkt, an dem eine bestimmte Kraft eine
  Gegenkraft erfährt

Z

Zyklon – tropischer Wirbelsturm, in anderen Gebieten auch
  Hurrikan oder Taifun genannt

Fremdsprachen

Indonesisch:
selat – Meeresenge
Selat Patientie – Meeresenge der Geduld

Tok Pisin:
rasca – junge, manchmal aggressive Männer in Papua-Neuguinea
wontok – Verwandte, Stammesangehörige

Philippinisch:
banka – philippinischer Name für Boote mit zwei Auslegern

Polynesisch:
Aotearoa – Neuseeland
fale – Haus
hongi – Nasenkuss
kai kai – Essen
kakarau – Tölpel, Vogelart
kaveinga – Pfad der nächtlichen Sterne
lava lava – Wickelrock
manu – Stern Rigel
mare – Stern Sirius
mase – Notnahrung
palangi – Weißer
tahuma – Meister, Kenner
tangi fak auwe – Danke schön
tapa – Stoff aus dem Innenteil der Rinde des Maulbeerbaums
tapu – Tabu
toku soa – mein Freund
umo – Erdofen
vaka pai manu – Auslegerboot mit einem Bug in der Form eines
    Vogels
vaka tapu – heiliges Kanu

Volle Fahrt voraus!

Stefan Krücken
Wellenbrecher
Kapitäne erzählen ihre
besten Geschichten

Ob Krakenkampf, Tsunami oder
Stangentanz – 28 Schiffsführer,
vom Hochseefischer bis zum
Frachterkapitän, berichten von
unvergesslichen Abenteuern.

Stefan Krücken
Sturmkap
Um Kap Hoorn und durch den Krieg – die
unglaubliche Reise von Kapitän Jürgens

Einer der bekanntesten deutschen
Seefahrer blickt zurück auf seinen
bewegten Lebensweg – vom
furchtlosen Schiffsjungen zum
Kapitän.

Geoffrey Wolff
Joshua Slocum
Nur Reisen ist Leben. Eine Biografie

Joshua Slocum umsegelte als erster
Mensch allein die Welt. Dieser Band
setzt dem großen Segelabenteurer
des 19. Jahrhunderts ein Denkmal.
»Slocum muss sein.«

Wilfried Erdmann

10 / 1042 / 05 / 3s

Expeditionen ins Unbekannte

Walter Bonatti
Meine größten Abenteuer
Reisen an die Grenzen der Welt

Ins Herz des venezolanischen
Berglands, durch das Fluss-
labyrinth des Yukon Territory,
zu den Quellen des Amazonas:
Walter Bonatti eröffnet uns eine
Welt von unendlicher Weite.

Andreas Kieling
**Meine Expeditionen zu den
Letzten ihrer Art**
Bei Berggorillas, Schneeleoparden und
anderen bedrohten Tieren

Abenteuer Tierschutz: Deutschlands
bekanntester Tierfilmer berichtet
von seinen packenden Erlebnissen
in freier Wildbahn.

Bruno Baumann
Kailash
Tibets heiliger Berg

»Bruno Baumann gelingt es,
ein Gefühl, das mitunter einer
Sehnsucht gleicht, durch seinen
sehr persönlichen Stil auf den
Leser zu übertragen.«
Frankfurter Allgemeine Zeitung